Beiträge zu Geschichte, Lehre und Leben

der apostolischen Gemeinschaften

Nummer 2

„An ihren Früchten

sollt ihr sie erkennen."

Das Erbe von Friedrich Wilhelm Schwarz:

100 Jahre niederländische apostolische

Gemeinschaften,

ein geschichtlicher Überblick

Edwin Diersmann

Beiträge zu Geschichte, Lehre und Leben der apostolischen Gemeinschaften

Nummer 2

„An ihren Früchten sollt ihr sie erkennen.“

Das Erbe von Friedrich Wilhelm Schwarz: 100 Jahre niederländische apostolische Gemeinschaften, ein geschichtlicher Überblick

Edwin Diersmann

Re Di Roma-Verlag

Bibliografische Information durch
Die Deutsche Bibliothek:
Die Deutsche Bibliothek verzeichnet diese Publikation in der Deutschen Nationalbibliografie; detaillierte bibliografische Daten sind im Internet über http://dnb.ddb.de abrufbar.

II

ISBN 978-3-940450-20-3

Coverphoto: http://www.pdphoto.org

www.rediroma-verlag.de

9,40 Euro (D)

Zum Autor:

Edwin Diersmann, 1962 in Nijmegen (Niederlande) geboren, ist freiberuflich in der IT-Branche als Business Intelligence Consultant tätig. Außerdem studiert er seit September 2001 Theologie an der Katholischen Universität Nijmegen. Er ist von Geburt an neuapostolisch und war bis zum 1.1.2005 Diakon in der Neuapostolischen Kirche, Gemeinde Nijmegen.
Seine Emailadresse: info@diersmann.nl

Inhaltsverzeichnis

Einleitung

Über die Geschichte der niederländischen apostolischen Gemeinschaften[1] sind in den Niederlanden selbst eher selten und außerhalb der Niederlande überhaupt keine wissenschaftlichen Bücher oder Artikel veröffentlicht worden. Dass im niederländischen Sprachraum so wenig hierüber publiziert worden ist, dürfte daran liegen, dass die genannten Gemeinschaften - bezogen auf ihre Mitgliederzahl - für Außenstehende kaum interessant waren. Im Jahr 1947, als die niederländische Gesamtbevölkerung etwa 9,5 Millionen Einwohner betrug, gab es insgesamt höchstens 40.000 apostolische Mitglieder. Das waren ca. 0,4 Prozent der Bevölkerung. Heutzutage, mit einer Einwohnerzahl von etwa 16 Millionen, gibt es höchstens noch 35.000 apostolische Mitglieder. Das sind gerade mal 0,2 Prozent und daher kaum beachtenswert. Auch haben die apostolischen Gemeinschaften bis in die 1990er Jahren nie aktiv die Öffentlichkeit gesucht, sie haben sich immer besonders abgekapselt. Ferner war es und ist es teilweise immer noch schwierig, Informationen von ihnen zu bekommen. Genannte Gründe hatten zur Folge, dass von der Mitte des 19. Jahrhunderts an bis heute nur wenige Arbeiten publiziert wurden, die sich mit der niederländischen apostolischen Geschichte auseinandergesetzt haben.[2]

---

[1] Dieser Aufsatz beschäftigt sich nur mit den kirchlichen Gemeinschaften, die ihre Genealogie auf Friedrich Wilhelm Schwarz zurückführen können. Er selbst hat seinen Namen abwechselnd „Schwarz" und „Schwartz" geschrieben. Ich schreibe in diesem Aufsatz „Schwarz". Die Geschichte der Katholiek-Apostolische Kerk in den Niederlanden (Catholic Apostolic Church, Katholisch-apostolische Gemeinden, entstanden in den frühen 1830er Jahren um Edward Irving, Henry Drummond und John Bate Cardale) wird in diesem Aufsatz nicht beschrieben.

[2] Monografien: J.N. Köhler, *Het Irvingisme. Eene historisch-critische proeve*, 's-Gravenhage 1876: Köhler beschäftigt sich fast ausschließlich mit der Catholic Apostolic Church und erwähnt nur in einigen wenigen Sätzen die damals erst jüngst aus ihr entstandene kirchliche Gemeinschaft um F.W. Schwarz. M.J. Tang, *Het apostolische Werk in Nederland tegen de achtergrond van zijn ontstaan in Engeland en Duitsland. (Mit einer Zusammenfassung in deutscher Sprache)*, 's-Gravenhage 1982, [4]1989: Tang versucht, im historischen Teil seines Buches (etwa 80 Seiten) eine umfassende Darstellung von den Entwicklungen in allen apostolischen Gemeinschaften zu geben. Außerdem gibt es noch einen

Andersartige Publikationen gab es vereinzelt auch. Zu erwähnen sind eine Abschluss- und eine Diplomarbeit, die außerhalb einiger Universitätsbibliotheken kaum verbreitet waren.[3] Auch gab es mehrere kircheninterne Publikationen, die die apostolische Geschichte als (Haupt-) Thema hatten. Diese wurden aber immer von Mitgliedern für Mitglieder geschrieben und waren nie in der Buchhandlung erhältlich.[4]

---

systematischen und kritischen Teil. B.L. Brand, *De apostolischen*, Kampen 2001: Brand, Mitglied von Het Apostolisch Genootschap, beschreibt auf etwa 100 Seiten sachlich und neutral die historische Entwicklung der Gemeinschaften, die zu Het Apostolisch Genootschap führten.

Weniger umfangreiche Arbeiten: M.J. Tang, *De Apostolische Geloofsgemeenschappen in Nederland*, in: Religieuze bewegingen in Nederland 8 (1984), S. 7-45. Ders., *De Hersteld Evangelische Apostolische Gemeente*, in: Nederlands Archief voor Kerkgeschiedenis 64 (1984), S. 215-224. J. Waerts, *Friedrich Wilhelm Schwartz. Een Duitse prediker in Nederland*, in: Documentatieblad voor de Nederlandse Kerkgeschiedenis na 1800 42 (1995), S. 51-64.

[3] R. van der Meer, *De continuïteit van een millennistische groepering: De Katholiek Apostolische Gemeente*, Rotterdam 1979.

J. van den Dikkenberg, „*De dertiende Apostel*" - *een beschrijvend onderzoek over het Apostolisch Genootschap*, Zeist 1982.

[4] Eine Auswahl dieser Literatur, nach behandelten Gruppen geordnet :

Hersteld Apostolische Zendinggemeente in de Eenheid der Apostelen: Salus [E.E. Schmidt], *Oude en Nieuwe Wegen of Strooptochten door de Kerkelijke Vorstendommen en Machten op Geestelijk gebied van voorheen en thans*, Enkhuizen 1913. *Van Licht tot Licht. Overzicht van het ontstaan en van de ontwikkeling der „Hersteld Apostolische Zendinggemeente in de Eenheid der Apostelen in Nederland en Koloniën*", verfasst von B.T. Elias und H. Schurink, anonym publiziert, Amsterdam o.J [1930], ^{2}1933. In diesem Aufsatz zitiere ich aus der 2. Auflage.

Hersteld Apostolische Zendingkerk: A.J. Korff, *Beknopte geschiedenis der Apostolische Kerk*, o.O.u.J. [ca. 1935]; A.J. Korff und J. van Bemmel, *Beknopte geschiedenis der Apostolische Kerk*, Arnhem ^{2}1963. In diesem Aufsatz zitiere ich aus der 2. Auflage.

Nieuw-Apostolische Kerk: *Geschiedenis van het Rijk Gods*, anonym publiziert, Frankfurt/Main 1970.

Katholiek Apostolische Kerk (Van der Poorten): J. van der Poorten, *Mijn koninkrijk is niet van deze wereld*, [Woodridge, Australien] 1976.

Het Apostolisch Genootschap: *De zegen van de twijfel*, verfasst von H. Boer, anonym publiziert, Baarn 1976. M. Heijder, *Het venster op F.W. Schwarz. De grondlegger van het Apostolische Werk in Nederland*, Enkhuizen 1988. Ders., *De*

Obwohl dies den Eindruck erweckt, dass insgesamt doch eine stattliche Anzahl Publikationen über die niederländische apostolische Geschichte geschrieben wurde, ist es schwierig, diese in die Hände zu bekommen. Tang schreibt dazu im Vorwort seines Buches: „Bei mindestens der Hälfte der beschriebenen Glaubensgemeinschaften war die Unterstützung, um zu einer guten Urteilsbildung zu gelangen, äußerst gering. [...] Der Erwerb von Material und Erhalt von aussagekräftigen Informationen war dann auch oft außerordentlich schwierig."[5] Damit gehen viele apostolische Gemeinschaften genauso vor wie die Catholic Apostolic Church, denn Köhler hatte schon mehr als hundert Jahre vor Tang ähnliche Erfahrungen gemacht, „[...] dass man die Quellen, aus denen diesbezügliche Kenntnisse zu schöpfen wären, behutsam verborgen hält und peinlich genau überwacht [...]."[6] Aktuelle Beispiele sind die großen neuapostolischen Bibliotheken in Hamburg und Zürich, die für die Öffentlichkeit nicht zugänglich sind, nicht einmal für neuapostolische Mitglieder.

An kircheninternen Publikationen haftet noch ein weiteres Problem, und zwar, dass die Suche nach der historischen Wahrheit oft einer Instrumentalisierung der eigenen Kirchengeschichte unterlegen ist. Die Geschichte wird von den kirchlichen Autoritäten „zu einem Instrument der eigenen Machtausübung gemacht. [...] Es ist ein Werkzeug in den Händen der Machthaber geworden. [...] Die komplexe Vergangenheit wird zu einer dominanten Geschichte reduziert."[7] Historische Bücher werden so zu Apologien und Polemiken, die zwecks Verteidigung der eigenen und Angriff auf gegnerische Positionen geschrieben sind. Sie unterliegen einem Schwarz-weiß-Denken, wobei man a priori davon ausgeht, dass die Wahrheit zu 100% auf der eigenen Seite zu finden ist, und die anderen folglich zu 100% Unrecht haben. „Schwarze Seiten" in

---

erfgenamen. Het apostolische Werk in Nederland onder leiding van de apostelen F. Krebs en J. Kofman Rzn., Huizen o.J.

Gemeente van Apostolische Christenen: *Wat wij geloven. Band II*, o.O. 1991.

[5] M.J. Tang, *Het apostolische Werk in Nederland*, S. 9. Niederländische Zitate sind von mir in die deutsche Sprache übersetzt.

[6] J.N. Köhler, *Het Irvingisme*, S. 13.

[7] P.J.A. Nissen, *De geschiedenis van de christelijke spiritualiteit als een weg van kiezen en delen*, in: Speling 53 (2001), S. 8.

der eigenen Kirchengeschichte und Vorkommnisse, die man einem „Gegner" nicht in die Schuhe schieben kann, werden in solchen Büchern mehr oder weniger geschickt verändert oder sogar „vergessen". Es wird verfahren, wie es Christian Morgenstern in seinem Gedicht *Die unmögliche Tatsache* sinngemäß geschrieben hat: Es kann nicht sein, was nicht sein darf.[8]

Jedoch sind nicht alle von apostolischen Gemeinschaften publizierten kircheninternen Geschichtsbücher in gleichem Maße von diesem Schwarz-weiß-Denken infiziert. Das Selbstverständnis der jeweiligen Gemeinschaft könnte hier eine wichtige Rolle spielen: Je exklusiver sie sich selbst sieht, umso wichtiger scheint es, Unvollkommenheiten in der eigenen Kirchengeschichte einseitig zu beleuchten oder gänzlich unter den Teppich zu kehren. Die meisten Beispiele hierzu sind im Umgang der Neuapostolischen Kirche mit der eigenen Geschichte zu verzeichnen. Ich nenne einige Beispiele.

Die „Botschaft" von Stammapostel Johann Gottfried Bischoff wird im neuapostolischen Unterrichtsbuch *Geschiedenis van het Rijk Gods* (eine Übersetzung des deutschen Buches *Reichsgottesgeschichte*) überhaupt nicht erwähnt. Gleiches gilt für andere deutschsprachige Bücher, z.B. das nur drei Jahre nach Bischoffs Tod erschienene, vom neuapostolischen Bezirksapostel Karl Weinmann geschriebene Buch *100 Jahre Neuapostolische Kirche 1863-1963.* Dort steht nur: „Stammapostel Bischoff wurde am 6. Juli 1960 vom Herrn über Leben und Tod in die Ewigkeit abberufen."[9] Im von dem neuapostolischen Mitglied Susanne Scheibler verfassten Buch *J.G. Bischoff* wird die „Botschaft" zwar genannt, die hierdurch ausgelösten Kirchenspaltungen aber als „Prozess der Selbstreinigung" gedeutet, wobei „abgestorbene Äste"[10] abbrachen. Laut Scheibler ist es der „Botschaft" sogar zu verdanken, dass „das Werk Gottes von Zweiflern, Eigenbrötlern und solchen, die eigene

[8] C. Morgenstern: Gedicht *Die unmögliche Tatsache.* In: Palmström (1910).

[9] K. Weinmann, *100 Jahre Neuapostolische Kirche 1863 - 1963. Apostelbezirk Hamburg*, Hamburg 1963, S. 258.

[10] S. Scheibler, *J.G. Bischoff*, Frankfurt/Main 1985, S. 59.

Ideen und Meinungen einfließen lassen wollten, gereinigt wurde."[11] Die „Botschaft" wird als „Herausforderung an den Glauben aller neuapostolischen Christen" und „Glaubensprüfung"[12] bezeichnet. Dass Bischoff, entgegen allem, was er fast ein ganzes Jahrzehnt gepredigt hatte, doch starb, wird in dem Buch mit einem Satz abgetan: „Stammapostel Johann Gottfried Bischoff starb am 6. Juli 1960 in Karlsruhe."[13]

Ein weiteres Beispiel lässt sich im von der Neuapostolischen Kirche herausgegebenen zweisprachigen Buch *Neue Apostelgeschichte - New Acts of the Apostles*[14] finden. Dort ist auf Seite 180 ein Bild vom Grab des Apostels Schwarz auf dem Friedhof Driehuis-Westerveld abgebildet. Links oben auf dem Bild sieht man eine weitere Grabplatte, dessen Oberfläche gänzlich weiß abgebildet, also wegretuschiert ist. Dies ist das Grab des Apostels van Bemmel, Nachfolger von Schwarz im Apostelamt. Apostel Krebs schrieb Van Bemmel am 28.2.1897, sechs Wochen nach dessen Ordination, dass er ihn seines Amtes enthebe. Eine Spaltung war die Folge, und die Neuapostolische Kirche versucht noch heute, nach gut 100 Jahren, diese schwarze Seite ihrer Geschichte zu verschweigen.

Schließlich darf auch die vom neuapostolischen Priester Alfred Krempf verfasste Chronik des neuapostolischen Bezirks Köln[15] nicht unerwähnt bleiben. Sie brilliert geradezu in Geschichtsfälschung. In ihr wird der auch für den Kölner Bezirk zuständige Bezirksapostel Peter Kuhlen nicht genannt. Seine Ordinationen als Apostel (31. März 1935) und Bezirksapostel (6. November 1938) werden nicht erwähnt.[16] In den

---

[11] Ebd., S. 7. Mit „das Werk Gottes" wird die Neuapostolische Kirche gemeint.

[12] Ebd., S. 58.

[13] Ebd., S. 64.

[14] Neuapostolische Kirche, internationaler Apostelbund (Hg.), *Neue Apostelgeschichte - New Acts of the Apostles*, Frankfurt/Main 1985.

[15] A. Krempf (Red.), *Chronik der Neuapostolischen Kirche Bezirk Köln*, Troisdorf o.J.

[16] Ebd., S. 101, 114 und 339.

Kurzbiographien der Bezirksapostel und Apostel[17] wird er nicht genannt. Seine Ordination als Stammapostel (1. August 1948) und offizieller Nachfolger des zu dieser Zeit 77-jährigen Stammapostels Bischoff wird nicht genannt. Auch sein Ausschluss aus der Neuapostolischen Kirche (am 23. Januar 1955, zusammen mit den anderen Rheinländischen Aposteln Siegfried Dehmel und Ernst Dunkmann) wird nicht genannt. Ohne weiteres wird in der Chronik die neu entstandene Situation als Fakt dargestellt: „Am 24. Januar 1955 beauftragte Stammapostel Bischoff den Bezirksapostel Walter Schmidt, Rummenohl, mit der Leitung des Apostelbezirkes Düsseldorf. Daraufhin wurden die bisherigen Apostelbezirke Dortmund und Düsseldorf zu einem gemeinsamen Apostelbezirk Nordrhein-Westfalen vereinigt".[18] Zum Thema „Botschaft" von Stammapostel Bischoff: diese wird im chronologischen Teil der Chronik nicht genannt. Lediglich in der Kurzbiographie von Stammapostel Bischoff lassen sich hierüber einige wenige Sätze finden, die ich hier unverkürzt zitieren möchte: „Nunmehr war auch die Zeit gekommen, in der der Herr die Seinen in besonderer Weise auf den Tag vorbereiten wollte, nach dem alle Getreuen von Anbeginn an herzlich verlangten. Weihnachten 1951 verkündete der Stammapostel in einem Gottesdienst in Gießen, dass ihn der Herr habe wissen lassen, er werde in der Zeit seines Lebens wiederkommen, um die Seelen zu sich zu nehmen. Das stand den Plänen und Hoffnungen derer im Wege, die ihre eigensüchtigen Ziele verfolgten. Durch das Ausscheiden der Zweifler, Rechthaber und Eigenbrötler wurde aber die völlige Einheit in allen Glaubensfragen nicht nur im Kreis der Apostel, sondern auch in allen Bezirken auf der ganzen Erde hergestellt".[19] Namen werden nicht genannt, aber der Verfasser der Chronik ist ‚tapfer' genug dass er noch nach dreißig Jahren den Exkommunizierten einen Fußtritt versetzt.

Warum wurde im deutschen Sprachraum nie etwas über die niederländischen apostolischen Gemeinschaften publiziert, weder von Außenseitern noch von Mitgliedern? Ich meine, dass hier sowohl die oben angedeutete Problematik der Literaturfindung eine Rolle spielt,

[17] Ebd., S. 236-246 und 247-269.
[18] Ebd., S. 139.
[19] Ebd., S. 222. Die Kurzbiographie findet man auf S. 220-223.

sicherlich aber auch die (niederländische) Sprache eine große Hemmschwelle ist. Wenn man dann letztendlich Literatur besitzt, sollte man diese auch lesen und verstehen können...

Am Ende dieser Einleitung erlaube ich mir noch einige Anmerkungen:

- Die niederländische apostolische Kirchengeschichte hat zu einer großen Vielfalt an Gemeinschaften geführt. Da sonst leicht der Überblick verloren gehen könnte, wird zum besseren Verständnis diesem Aufsatz eine Übersicht zugefügt;
- Ich bin Niederländer und habe diese Arbeit in der deutschen Sprache geschrieben, obwohl meine Deutschkenntnisse dafür nicht ausreichend sind. Ich bedanke mich bei meiner leiblichen Schwester, Frau Ingrid Glawe-Diersmann, und bei meinem Glaubensbruder Klaus Schabronat, dass sie sich die Mühe gemacht und Zeit für das Korrekturlesen genommen haben;
- In dieser Arbeit werde ich vielfach Quellen zitieren. Bisweilen sind es auch längere Zitate. Ich tue das, da es sehr schwierig ist, die Originalquellen in die Hände zu bekommen. Nur wenige Originalschriftstücke befinden sich in öffentlichen Bibliotheken, nahezu alles ist in privatem Besitz und daher nur über ein persönliches Netzwerk zu bekommen. An dieser Stelle möchte ich allen, die mir Unterlagen ausgeliehen und mir dadurch sehr geholfen haben, herzlichst danken!

Übersicht der apostolischen Gemeinschaften in den Niederlanden[20]

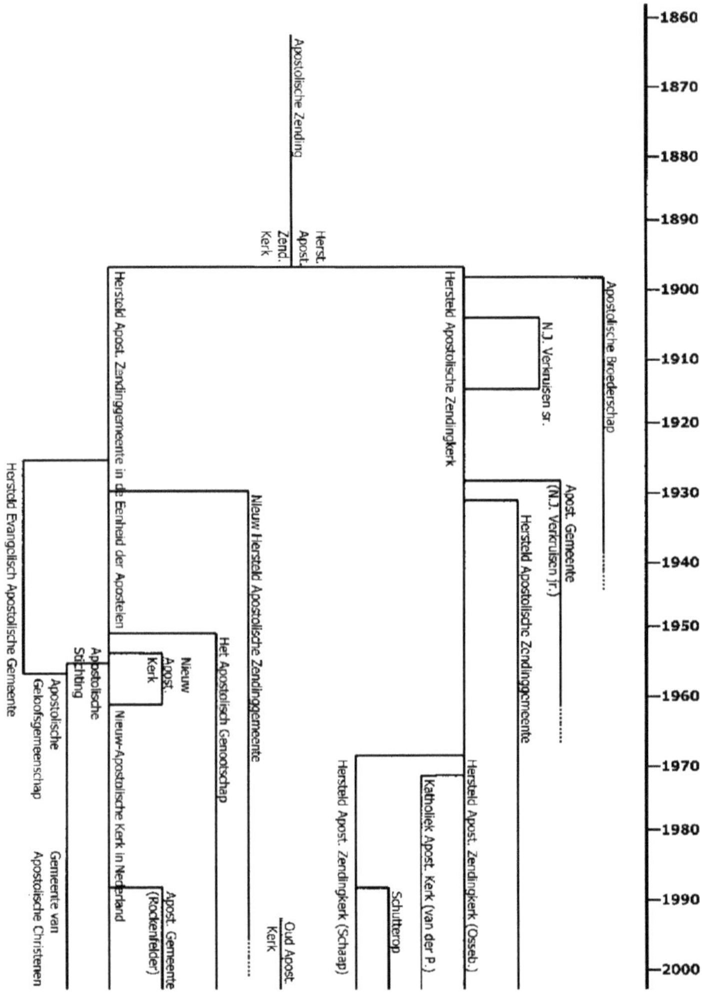

20 Dieses Schema bezweckt lediglich, die Positionen der verschiedenen Gemeinschaften zu einander so einfach und klar wie möglich darzustellen. Dort, wo es im Schema gerade Linien gibt, von denen sich andere Linien „abspalten", beinhaltet das keinerlei Wertung.

Apostolische Zending - Hersteld Apostolische Zending Kerk 1863-1897

Nach der Spaltung der Hamburger Katholisch-apostolischen Gemeinde[21] wurde am 12.4.1863 der Priester Carl Wilhelm Louis Preuß von einem Diakon zum ersten Apostel der „Neuen Ordnung" berufen. Der Prophet Heinrich Geyer war zu diesem Zeitpunkt in Berlin. Am Pfingstmontag, dem 25.5.1863, wurde Friedrich Wilhelm Schwarz zum Apostel berufen und am Dienstag, dem 8.9.1863 ordiniert.[22] Laut einem Brief von Schwarz (datiert 29.4.1891) wurde am Pfingstmontag 1863 auch schon sein Arbeitsgebiet genannt: Holland, mit Stammnamen Juda, wobei er in Amsterdam anfangen sollte.[23] September 1863 wurden die Evangelisten Franz Hübner, Carl Meyersam und Heinrich August Allihn als Wegbereiter nach Amsterdam gesandt. Schwarz selbst kam dort am Sonntag, dem 27.9.1863, an. Seine Sendungsarbeit konnte beginnen.

Die Anfänge der Apostolische Zending (Apostolische Sendung), wie Schwarz seine Gemeinde nannte, waren besonders schwierig. Die ersten Zusammenkünfte hielt Schwarz bei sich und seiner Frau zu Hause, in deren Wohnung an der Noorderstraat AA 440. Später mietete er Räume. So fand der erste Versiegelungsgottesdienst Christi Himmelfahrt am 5.5.1864 in einem Saal mit der Adresse Haarlemmer Houttuinen 81 statt. Der Saal musste zuvor „ausgebessert und mit Bänken und Lampen ausgestattet werden." Hierfür war kein Geld

---

[21] Die ganze Vorgeschichte lasse ich hier außer Betrachtung. Die mit Abstand beste Beschreibung der Tatsachen bietet J.A. Schroeter, *Die Katholisch-apostolischen Gemeinden in Deutschland und der „Fall Geyer"*, Marburg 1997, ^{3}2004. Das schon erwähnte Buch von K. Weinmann ist vor allem auch wegen der Quellenabschriften interessant, muss aber wegen seines apologetischen Charakters mit Skepsis betrachtet werden. Siehe auch unten, Fußnote 31.

[22] Vgl. J.A. Schroeter, *Die Katholisch-apostolischen Gemeinden in Deutschland*, Marburg 1997, S. 230-231. Eine Kurzbiographie von F.W. Schwarz findet man in diesem Werk, S. 465f.[55b].

[23] Der Brief ist zu lesen in Salus (= Eberhard Emil Schmidt), *Oude en Nieuwe Wegen*, Enkhuizen 1913, S. 309-313. Das Zitat steht auf S. 313. Das Buch ist die niederländische Übersetzung von *Alte und neue Wege*, Leipzig 1912. Seine Tochter Esther de Vries-Schmidt hat 2005 eine Autobiographie (*Over oude en nieuwe herinneringen*) publiziert.

vorhanden, aber „ein gewisser Bruder Toepoel aus Haarlem schenkte fl. 200,- und Bruder Frowein, Deutschlehrer, gab für diesen Zweck fl. 25,-. Die Anfertigung der Bänke übernahm [...] Bruder Meijnders. Um das Ganze etwas zu dekorieren, ließ der Apostel ein Podest bauen, einige Stufen hoch, auf das man einen Tisch platzierte und darüber ein bis auf den Boden hängendes Tuch legte. Auf dem Tisch standen eine Glasschüssel mit Brot und ein Becher mit Wein. Links und rechts vom Tisch stand jeweils ein Stuhl, einer für den Apostel und einer für den Rangnächsten, in diesem Fall Bruder Allihn. Der Apostel hatte erwogen, auf den Tisch ein einfaches hölzernes Kreuz zu stellen, ihm wurde jedoch davon abgeraten, weil dies zu sehr auf den römisch-katholischen Glauben schließen ließe."[24]

Von Anfang an gab es erhebliche finanzielle Sorgen für Schwarz. Die Unterstützung aus Hamburg wurde bald eingestellt, wahrscheinlich schon nach einigen Monaten.[25] Folglich mussten Hübner, Meyersam und Allihn schon bald aus Amsterdam wegziehen. Hübner ging nach Deutschland zurück, Meyersam zog in die Vereinigten Staaten. Beide Männer waren unverheiratet. Allihn war verheiratet, seine Ehefrau und die sechs Kinder waren Ende 1864 etwa zur selben Zeit wie die Ehefrau von Schwarz nach Amsterdam gezogen. Allihn zog mit seiner Familie nach London, England. Nach kurzer Zeit kehrten sie wieder zurück nach Amsterdam, um einige Monate später wiederum nach England zu ziehen. Dort ist Heinrich Allihn sehr bald gestorben[26]. Eine seiner Töchter, Clara Emilia, wurde Pflegekind des Ehepaares

---

[24] M. Heijder, *Het venster op F.W. Schwarz*, S. 26. Einiges aus dieser Beschreibung wird auch im schon genannten Brief von Schwarz (29.4.1891) erwähnt, aber offensichtlich hat Heijder auch andere Quellen verwendet, die er leider nicht nennt.

[25] In der von N.J. Verkruisen herausgegebenen Broschüre *Herinnering. 24 September 1863 - 24 September 1913* steht auf S. 16: „Auch der wöchentliche Zuschuss, den Apostel Schwartz aus Hamburg empfangen sollte, bis hier [in Amsterdam] eine Gemeinde gegründet ist, wurde schon nach drei Monaten eingestellt aufgrund eines hinterlistigen Schreibens, in dem von ausreichenden Einnahmen die Rede war."

[26] Am 16.3.1869 im Alter von 43 Jahren, in der Essex lunatic asylum (psychiatrischen Anstalt) South Weald.

Schwarz.[27] 1867 entschied Schwarz sich, wegen der finanziellen Lage nach Hamburg zurückzuziehen und gab dies an einem Sonntag in der Gemeinde bekannt. Um seinen Wegzug zu verhindern, beschlossen die Gemeindemitglieder jede Woche einen festen Betrag zu bezahlen. Dies bedeutete für Schwarz sichere Einnahmen in Höhe von etwa fl. 10 pro Woche. Er blieb in Amsterdam und arbeitete weiter.

Einige neue Ämter wurden in den folgenden Jahren gerufen. Zu erwähnen ist IJsbrand Smit (Diakon, ordiniert am 21.5.1868, Christi Himmelfahrt), der schon 1869 der Gemeinde den Rücken kehrte und zwei Broschüren über seine Erfahrungen in der Apostolische Zending schrieb.[28] Auch wandte sich der Vorsteher einer Vrije Evangelische Gemeente (Freien Evangelischen Gemeinde) in Ouderkerk aan de Amstel, nahe Amsterdam, der Apostolische Zending zu. Es war Friedrich Wilhelm Menkhoff, der wegen seines Übertritts seines Amtes enthoben wurde.[29] Am Sonntag, dem 20.9.1868, wurde er von Schwarz als Priester-Evangelist ordiniert. Menkhoff zog nur wenige Tage später nach Bielefeld, „mit einem Gehalt von fl. 10,- pro Woche“[30]. Am Sonntag, dem 6.12.1868, wurden vier Brüder durch Prophetie in das Priesteramt gerufen und am 28.3.1869 von Schwarz ordiniert. Einer dieser Brüder war der Prophet Edzard Willem Ansingh.

1869 konnte die Apostolische Zending einen großen Erfolg verzeichnen, als G.F. Lankamp, Vorsteher der Enkhuizer Abteilung der Vereeniging tot Verbreiding der Waarheid (Verein zur Verbreitung der Wahrheit) durch Schwarz von der apostolischen Lehre überzeugt wurde. Dies führte dazu, „dass innerhalb kurzer Zeit, im Frühjahr 1869,

---

[27] Vgl. M. Heijder, *Het venster op F.W. Schwarz*, S. 27.

[28] IJ. Smit, *Vijf jaren in de gemeente der „Apostolische Zending“ te Amsterdam*, Amsterdam 1869. Ders., *Valsche Apostelen en valsche Profeten, of oude grieven en nieuwe bewijzen tegen den Apostel F. Schwartz en zijne verzegelde aanhangers*, Amsterdam 1869.

[29] Möglicherweise hat bei der Amtsenthebung auch Menkhoffs Affäre mit seinem Dienstmädchen eine Rolle gespielt, die in J.A. Schroeter, *Die Katholisch-apostolischen Gemeinden in Deutschland*, S. 584[128] erwähnt wird.

[30] M. Heijder, *Het venster op F.W. Schwarz*, S. 31. 1872 wurde Menkhoff in Amsterdam als Apostel ordiniert.

etwa 160 Personen versiegelt wurden, die unter der Leitung von Br. Lankamp dem Herrn dienten, welcher zur Stärkung der jungen Gemeinde ihr die prophetische Gabe schenkte."[31] Bis zum Ende der 1870er Jahre entstanden auch Gemeinden in Den Helder, Hoorn, Wolvega, IJmuiden und Haarlem. Köhler nennt 1876 eine Mitgliederzahl von 600.[32] Am 9.4.1882 ordinierte Schwarz für die erst seit einigen Jahren bestehende Gemeinde Haarlem einen Hirten, N.J. Verkruisen.

Die Wirksamkeit von Schwarz war in Kirchenkreisen nicht unbeachtet geblieben. Dies führte zu einigen Publikationen, in denen vor der Apostolische Zending gewarnt wurde.[33] Auch war Schwarz selber schriftstellerisch tätig. Sein wichtigstes Werk ist zweifellos *Het boek voor onzen tijd: De Openbaring van Johannes, leesbaar voor de gemeente* (Amsterdam 1872, Wolvega ²1894). Es wurde nach Notizen von Schwarz geschrieben „vom Arzt J. Groenewegen, der Evangelist war in der Gemeinde von Schwarz zu Amsterdam."[34] Dieses Buch wurde später

---

[31] H. van der Beek, *Een halve eeuw van strijd. Het leven herdacht van T. Korff, Herder der Hersteld Apostolische Zendinggemeente te Enkhuizen*, o.O. [1917], S. 10. Die Übersetzung dieses Satzes in K. Weinmann, *100 Jahre Neuapostolische Kirche*, S. 154, ist ungenau. Überhaupt muss man die übersetzten Zitate von Weinmann (S. 152-155) aus dem Buch von Van der Beek (S. 8-14) als mangelhaft bis bewusst irreführend werten. Weinmann ändert Sätze, fügt Sätze hinzu oder lässt sie weg, ohne dies dem Leser mitzuteilen oder zu erklären.

[32] Vgl. J.N. Köhler, *Het Irvingisme*, S. 135¹.

[33] U.a. H.C. Voorhoeve, *Een woord van waarschuwing tegen de Irvingianen en de zoogenaamde Apostolische Zending*, Rotterdam 1864. Schwarz antwortete mit einer Broschüre *Een woord van wederlegging op het Woord van waarschuwing van H.C. Voorhoeve*, Amsterdam 1864.

[34] M.J. Tang, *Het apostolische Werk in Nederland*, S. 103. In H. van der Beek, *Een halve eeuw van strijd*, S. 14, wird Groenewegen nicht Evangelist genannt, sondern lediglich „Mitglied". Dort steht, dass Schwarz „die Baustoffe sammelte und zwecks Bearbeitung übergab an Dr. Groenewegen, Mitglied der apostolischen Gemeinde in Amsterdam." Aufgrund genealogischer Untersuchungen scheint es unbezweifelbar, dass es sich nicht um J. Groenewegen, sondern um H.G.H. Groenewegen handelt, der ab 1853 eine Arztpraxis in Amsterdam hatte. Dieser wurde, zusammen mit seinem Sohn, am Freitag, dem 18.7.1869, zu Hause bei Prophet Ansingh versiegelt. Der Vater von H.G.H. Groenewegen war

auch in die deutsche Sprache übersetzt.[35] Dies geschah auch mit dem von Schwarz geschriebenen *Apostelen of niet? En wel in onze negentiende eeuw! Eene vraag des tijds* (Amsterdam 1866, ²1889).[36]

Die erste Kirche in Eigenbesitz der Apostolische Zending wurde ein umgebautes Zichorienlagerhaus am Prinseneiland 103 in Amsterdam, welche am 27.9.1874 eingeweiht wurde. Dort kam auch ein Mann namens F.L. Anthing in die Gemeinde.[37] Er wurde 1880 als Apostel für Java (Niederländisch-Indien) ausgesondert, kam dort 1881 an und starb 1883. 1892 zog die Gemeinde um. In derselben Straße, am Prinseneiland 89, war ein größeres Lagerhaus gekauft und umgebaut worden. Der Umbau kostete fl. 51.901,-, ein Hinweis darauf, dass die finanzielle Situation der Gemeinde sich wesentlich verbessert hatte.[38] Diese neue Kirche wurde am 25.12.1892 eingeweiht. Auch hier befand sich der Kirchensaal im 1. Stock. Ab 1893 wurde nicht mehr der Name Apostolische Zending, sondern Hersteld Apostolische Zendingkerk (Wiederhergestellte[39] Apostolische Sendungskirche) verwendet. Jede

---

Geistlicher (Pfarrer). Für weitere Einzelheiten vgl. C.G. Reemer, *Wie was Dr. Groenewegen?*, o.O. o.J.

[35] *Das Buch für unsere Zeit. Die Offenbarung St. Johannis, für die Gemeinde erklärt. Erster Band. Die Vergangenheit. Zweiter Band. Die Gegenwart. Die Zukunft*, verfasst v. H.G.H. Groenewegen nach Notizen von F.W. Schwarz, anonym publiziert o.O., o.J.

[36] F.W. Schwartz, *Apostel oder nicht im neunzehnten Jahrhundert? Eine Zeitfrage*, Gadderbaum 1890.

[37] Vgl. *Van Licht tot Licht*, S. 43-46. Für Anthing vgl. auch A.J. Bliek, *Mr. L.F. Anthing*, in: Lichtstralen op den akker der wereld 43 (1938) und J. Waerts, *Apostelen op Java. De arbeid van de Hersteld Apostolische Zendingsgemeente in de eenheid der Apostelen in Nederlands-Indië*, in: Documentatieblad voor de Geschiedenis van de Nederlandse Zending en Overzeese Kerken 1 (2001), S. 2-39. Anthing selbst schrieb *Mededeelingen omtrent de evangelisatie in het westelijk gedeelte van Java*, Amsterdam 1881, und unter dem Pseudonym Amithai *Zoeken naar waarheid, of Hoe eene zoekende ziel alle gerechtigheden Gods kan vinden*, Wolvega o.J.

[38] Vgl. M. Heijder, *Het venster op F.W. Schwarz*, S. 41, 45.

[39] Das Adjektiv „hersteld" ist hier nicht einfach zu übersetzen. Es stammt vom niederländischen Verb „herstellen", was mit (wieder)instandsetzen, reparieren, ausbessern, (wieder)herstellen, (wieder)gutmachen, berichtigen, korrigieren übersetzt werden kann. In kirchlichem Kontext wäre auch „reformieren" eine

einzelne Gemeinde nannte man eine Hersteld Apostolische Zendinggemeente (Wiederhergestellte Apostolische Sendungsgemeinde).

Die Mitgliederzahl hatte sich also in Amsterdam erhöht, und auch in anderen Städten waren Gemeinden gegründet worden. Dies bedeutete aber nicht, dass Schwarz keine Probleme mehr hatte. Das Verhältnis zwischen den Ämtern, besonders zwischen dem Apostel- und Prophetenamt, machte ihm schwer zu schaffen. Das führte dann am 22.2.1881 zu einem Dokument *De onderlinge verhouding tusschen de Ambten der Algemene Kerk van den Stam Juda* (*Das gegenseitige Verhältnis zwischen den Ämtern der Allgemeinen Kirche vom Stamm Juda*[40]). Dort steht in Artikel 1, dass die vier Ämter (Apostel, Prophet, Evangelist, Hirte) „als Pfeiler der Kirche nebeneinander gestellt sind", durch welche „der Herr seine Kirche auf Erden trägt und regiert". Und in Artikel 3: „Der Apostel ist als ältester Bruder zwar der Leiter, aber nicht Alleinherrscher. Im Gegenteil, die drei anderen Ämter- und Seelengaben des Herrn sollen durch Seine drei andere Amtsdiener vollen Einfluss auf die Leitung des Apostels haben."[41] Schwarz als Apostel, Ansingh als Prophet und Ruijsch als Hirte haben unterschrieben. In der Abschrift stehen an Stelle des Namens des Evangelisten (Kroonenburg) nur einige Punkte. Der Grund hierfür ist unbekannt. Trotz dieses Dokumentes gab es keine dauerhafte Lösung. 1895, kurz vor seinem Ableben, war Schwarz nur noch der einzige Diener der Allgemeinen Kirche: „Ansingh und Ruysch hatten sich zurückgezogen, Kroonenburg war gestorben [...]. Müde vom Streiten und aller Reibereien satt, schrieb er in dieser Zeit

---

mögliche Übersetzung. Das Wort „hersteld" deutet eine Erneuerung von etwas Bestehendem an, weist aber zugleich auch auf eine Rückkehr zu einer früheren, besseren Situation hin. In diesem Aufsatz habe ich mich für die Übersetzung „wiederhergestellt" entschieden.

40 Mit Ämtern der Allgemeinen Kirche werden die Stamm-Ämter gemeint, also Stamm-Prophet, Stamm-Evangelist und Stamm-Hirte. Man kann sie vergleichen mit dem „Prophet, Evangelist und Hirte mit dem Apostel" in der Catholic Apostolic Church.

41 *De onderlinge verhouding tusschen de Ambten der Algemene Kerk van den Stam Juda*, o.O. o.J., maschinenschriftliche Abschrift, S. 1.

das so genannte ‚Konzept'."[42] Dieses hat Schwarz (ein kranker 80-jähriger Mann, so beschreibt er sich selbst[43]) am 2.5.1895 geschrieben an seine deutschen Mit-Apostel. Hierin werden die Propheten gerügt: „Sie, nämlich die Propheten, sind nicht damit zufrieden, *nur* Propheten zu sein, weil sie dann unter den Aposteln stehen müssen. Sie wollen den Aposteln in *Macht* gleich sein und insbesondere nicht dulden, dass die Apostel in *Macht* über ihnen stehen, um Unterricht von den Aposteln zu empfangen. Sie hetzen die beiden anderen Ämter gegen die Macht des Apostels auf."[44] Diese Gedanken ernteten jauchzende Reaktionen von den Aposteln Krebs, Ruff und Obst.[45]

In einem „Testament" oder auch „Manuskript" genannten Dokument, beschreibt Schwarz 1891, was geschehen solle, wenn er sterben würde, obwohl er „sich gesund und kraftvoll fühlt und [...] durch Prophetien und Visionen viele Versprechungen von Gott dem Herrn empfing, dass ich nicht sterben, sondern leben werde bis zu des Herrn persönlicher Wiederkunft."[46] Schwarz verordnet, dass nach seinem Tod die Trauerzeit „mindestens zwölf Wochen" dauern muss, zwei Seiten

[42] J. van der Poorten, *Mijn koninkrijk is niet van deze wereld*, S. 38.

[43] Vgl. F.W. Schwarz, *Een concept van den Apostel F.W. Schwartz (Stam Juda)*, o.O. o.J., S. 20. Laut M. van Bemmel, *De ware oorzaak der scheuring in de Hersteld Apostolische Zendinggemeente in Nederland*, o.O. [1897], S. 6, hat Apostel Krebs dieses Konzept erst im Dezember 1896, also ein Jahr nach dem Tod von Schwarz, drucken lassen.

[44] F.W. Schwarz, *Een concept*, S. 3-4. Hervorhebung im Original.

[45] Ebd., S. 20-24.

[46] F.W. Schwarz, *Een voorlichting gegeven door den Apostel van den driemaal Heiligen God in de Stam van Juda, F.W. Schwarz, op de aan hem gestelde vragen* (*Eine Aufklärung, gegeben vom Apostel des dreimal Heiligen Gottes im Stamme von Juda, F.W. Schwartz, auf die ihm gestellten Fragen*). o.O. o.J., maschinenschriftliche Abschrift, S. 1. Weil in diesem Dokument auf S. 5 erwähnt wird, dass Apostel Krebs am 27.7.1881 ordiniert wurde und „seit 10 Jahren ein verlässlicher Dienstknecht und Apostel des Herrn" ist, hat Schwarz es höchstwahrscheinlich 1891 geschrieben. In M. van Bemmel, *De ware oorzaak der scheuring*, S. 6-7, ist von einem „von Apostel Schwartz geschriebenen und gedruckten Werkchen ‚Manuscript', bekannt als testamentliche Aufklärung" die Rede. Dieses Dokument hat Schwarz also selber drucken lassen.

weiter spricht er von „zwölf Sonntagen der Trauerzeit“.[47] Wenn die Trauerzeit zu Ende geht, soll ein Sonntag bestimmt werden, an dem dann der Rufungsgottesdienst stattfinden soll. Am Sonntag, dem 17.11.1895, war Schwarz das letzte Mal in der Kirche am Prinseneiland. In der darauf folgenden Woche erkrankte er; am Freitag, dem 6.12.1895, morgens um 11 Uhr, starb Friedrich Wilhelm Schwarz, der Apostel von Juda.[48]

F.W. Schwarz

[47] F.W. Schwarz, *Een voorlichting*, S. 9, 11.

[48] Vgl. M. van Bemmel, *Voor, met en na de roepingsdag 17 Januari 1897*, o.O. o.J., maschinenschriftliche Abschrift, S. 2.

Die Spaltung von 1897[49]

Das Verhältnis von Schwarz zu den deutschen Aposteln war, sofern sich dies aus der Literatur ablesen lässt, generell gut. Er wurde wegen seines Dienstalters als ‚graue Eminenz' angesehen. Seine Kontakte nach Deutschland waren freilich eher unregelmäßig und erfolgten vermutlich zumeist per Brief. Dies führte logischerweise zu einer gewissen Autonomie eines jedes Apostels in seinem Stammgebiet. So scheint die Änderung des Apostelstatus, die sich in Deutschland vollzogen hatte bzw. vollzog, weder bei den Amtsträgern noch bei den Mitgliedern in den Niederlanden bekannt gewesen zu sein. Korff beschreibt die veränderte Lehre: „Der Grundstein ihrer Irrung ist scheinbar logisch, weshalb sie großen Anhang bekamen. Sie argumentierten wie folgt: ‚Die apostolischen Gemeinden beugen das Haupt vor den Aussagen der H. Schrift, von denen ein Teil durch Apostel geschrieben ist. Was Paulus sagt, ist maßgebend, usw. Wir sind auch Apostel, also hat u n s e r Wort die gleiche Kraft. Das Wort lebendiger Apostel hat genauso viel Wert wie das von verstorbenen.' Soweit stimmt diese Argumentation volkommen. Aber weshalb ist sie jedoch nur scheinbar logisch? Weil eine [ndl. mit Nachdruck: één] Voraussetzung fehlt, und zwar: dann

[49] Die zweifellos wichtigsten Quellen bei den Vorkommnissen zwischen Schwarz' Tod und der Spaltung Anfang 1897 sind M. van Bemmel, *De ware oorzaak der scheuring in de Hersteld Apostolische Zendinggemeente in Nederland*, o.O. [1897] und J. Kofmans Antwort *Wacht u voor de valsche Apostelen*, o.O. o.J. Eine weitere und umfangreichere Reaktion war die von S.J. de Vries und J.M. Brakke geschriebene Broschüre *Geen „Scheuring", doch „Afval". Een blik in „het Verleden" en in „het Heden". Zoomede: Eene Wederlegging van 't geschrevene in de Brochure, getiteld: „De ware oorzaak der scheuring in de Hersteld Apostolische Zendinggemeente in Nederland", Teil I en II*, Enkhuizen 1900. Die zuerst genannte Broschüre wurde in die deutsche Sprache übersetzt (*Die wahre Ursache der Spaltung*), aber nur maschinenschriftlich verfielfältigt. Die dritte Broschüre wurde übersetzt und gedruckt: *Keine „Spaltung", sondern „Abfall". Ein Blick in „die Vergangenheit" und in „die Gegenwart" und Eine Widerlegung der Broschüre: „Die wahre Ursache der Spaltung in der Wiederhergestellten Apostolischen Sendungsgemeinde in Holland"*, Enkhuizen-Hamburg, 1900. Beide Broschüren enthalten Dutzende von Prophetien, die zur Verteidigung der eigenen Position verwendet werden.

sollen die Aussagen der heutigen Apostel gänzlich fundieren auf und im Einklang sein mit den Aussagen der H. Schrift."[50]

Apostel Krebs war zusammen mit Stamm-Bischof Niehaus am 10.12.1895 bei der Bestattung von Schwarz zugegen. Am Abend dieses Tages wurde „der einzige Bischof im Stamm, Bruder Kofman aus Enkhuizen, [...] in das Stamm-Bischofsamt [also als Bischof für die gesamten Niederlande] gestellt."[51] In diesem Gottesdienst teilte Krebs mit, dass er die Trauerzeit von zwölf Wochen auf ein Jahr und sechs Wochen verlängern möchte. „Da man in Holland keinerlei Ahnung hatte, von dem was in Deutschland gelehrt wurde, wurde dieser Vorschlag generell akzeptiert, auch da man selbst vor dem Entschlafenen eine hohe Achtung gehabt hatte."[52] Dies gab Krebs mehr Zeit „für das Einführen seiner neuen Lehre, die den Apostel zu Christus im Fleisch erhob."[53] Tatsächlich gab es unter den Amtsträgern und Mitgliedern viele, die diese Lehre (von seinen niederländischen Anhängern „das Neue Licht" genannt, das sich im „Einheitsvater Krebs" offenbarte) annahmen. Schon lange vor dem 17.1.1897, als der Rufungsgottesdienst für den neuen Apostel abgehalten wurde, gab es Unruhe und Parteienbildung. Auch durch weitere Besuche von Krebs und Niehaus (in Juli und Dezember 1896) in den niederländischen Gemeinden traten diesbezüglich keine Verbesserungen ein. „Dennoch kam Jesus in seinem Apostel Krebs nicht um zu verderben, sondern um zu bewahren."[54]

Im Rufungsgottesdienst sollte „auf die erste Frage des Apostels [Krebs] durch den Propheten der Amsterdamer Gemeinde, danach durch den Propheten der Enkhuizer Gemeinde und schließlich durch die deutschen Propheten gesprochen werden."[55] Apostel Krebs leitete den Gottesdienst. Nachdem auf seine Fragen „Hast Du, Herr, einen Mann

---

[50] A.J. Korff und J. van Bemmel, *Beknopte geschiedenis*, S. 46. Hervorhebung im Original.
[51] S.J. de Vries und J.M. Brakke, *Geen „Scheuring", doch „Afval", Teil I*, S. 27.
[52] A.J. Korff und J. van Bemmel, *Beknopte geschiedenis*, S. 47.
[53] H. van der Beek, *Een halve eeuw van strijd*, S. 14.
[54] S.J. de Vries und J.M. Brakke, *Geen „Scheuring", doch „Afval", Teil I*, S. 30.
[55] Ebd., S. 39.

unter Deinen Bischöfen, der Dir als Apostel dienen wird?" und „Hast Du, Herr, einen Knecht unter Deinen Priestern, der Dir als Apostel dienen wird?" durch die Propheten keine Namen genannt wurden, fragte Krebs: „Hast Du, Herr, auch einen Mann unter Deinen Diakonen, der Dir als Apostel für diesen Stamm Juda dienen wird?" Der Prophet der Amsterdamer Gemeinde, C.J. Vleck, antwortete: „Ich werde mein Diakonenamt erhöhen. Mein Knecht Van Bemmel wird es sein, der Juda reiten wird. Amen".[56] Nachdem weitere prophetische Bezeugungen erklungen waren, nahmen die Apostel Krebs, Niehaus und Ruff den Neugerufenen mit Handschlag und Bruderkuss in den Apostelkreis auf. Krebs scheint jedoch von Anfang an unzufrieden mit dem neuen Apostel gewesen zu sein. In *De ware oorzaak der scheuring* wird zitiert, dass Krebs am 17.1.1897, abends, also nach dem Rufungsgottesdienst, zur Witwe Schwarz gesagt hat: „Jetzt haben sie [die niederländischen Mitglieder] einen Apostel, ich kümmere mich um nichts mehr." Die Broschüre behauptet, mit dem gerufenen neuen Apostel van Bemmel war Krebs' „Wunsch [...] nicht befriedigt."[57] Diejenigen, die vielleicht hofften, dass ab jetzt alle Unstimmigkeiten vorbei wären, irrten sich gewaltig. Apostel van Bemmel hielt sich strengstens an die Lehre von Schwarz und agierte gegen die, die das Neue Licht weiterhin propagierten. Als dann Krebs Van Bemmel am 28.2.1897 schrieb, dass er ab sofort kein Apostel mehr sei, war die Spaltung definitiv vollzogen. Zum Neuen Licht wechselte „der größte Teil der Gemeinde Amsterdam [...], ganz IJmuiden, Hoorn und Den Helder."[58] In Enkhuizen, wo Stamm-Bischof Kofman Anhänger vom

---

[56] M. van Bemmel, *Voor, met en na de roepingsdag*, S. 12. In der niederländischen Vorlage steht: „Ik zal mijn Diakenambt verhogen. Mijn knecht Van Bemmel zal het zijn die Juda berijden zal. Amen". Das niederländische Verb „berijden" kann nicht anders übersetzt werden als mit dem deutschen Verb „reiten". Falls hier ein Abschreib- oder Tippfehler vorliegen würde, könnte auch „bereiden" („bereiten", im Sinne von „zubereiten") gemeint sein.

[57] M. van Bemmel, *De ware oorzaak der scheuring*, S. 26.

[58] A.J. Korff und J. van Bemmel, *Beknopte geschiedenis*, S. 49. Korff schreibt demnach, dass in Amsterdam der größte Teil der Mitglieder zum Neuen Licht überging. In *Van Licht tot Licht*, S. 74, steht aber „dass die Anzahl Getreuer [Krebs-Nachfolger] in Amsterdam z.B. weit unter der der Abgefallenen blieb." Die Gruppe um Van Bemmel war wohl in Amsterdam die größte, denn sie

Neuen Licht war, und der dortige Hirte T. Korff Van Bemmel folgte, spaltete die Gemeinde sich erst im Juli.[59] In Haarlem gab es Anhänger beider Gruppen, die kleinere Gemeinde in Wolvega ist wahrscheinlich vollständig mit Krebs gegangen.

Die Gruppe um Van Bemmel nannte sich weiterhin Hersteld Apostolische Zendingkerk (kurz HAZK), wobei jede einzelne Gemeinde eine Hersteld Apostolische Zendinggemeente (Wiederhergestellte Apostolische Sendungsgemeinde) war. Die Gruppe um Krebs nannte sich fortan Hersteld Apostolische Zendinggemeente in de Eenheid der Apostelen (Wiederhergestellte Apostolische Sendungsgemeinde in der Einheit der Apostel, kurz HAZEA). Der lehrmäßige Unterschied veranlasst Tang, ab diesem Moment zu unterscheiden zwischen einer Hersteld-Apostolischen (HAZK) und Neu-Apostolischen (HAZEA) Richtung.[60]

Wer ist jetzt von wem abgefallen? Das ist eine Frage, die nicht zu beantworten ist. Van Bemmel hat zweifellos mehr als Krebs die Lehre von Schwarz fortgeführt. In dem Sinne ist Krebs von Schwarz und Van Bemmel „abgefallen". Die meisten Mitglieder (wahrscheinlich etwas mehr als die Hälfte in den Niederlanden selbst, und 99,99% der Mitglieder im Ausland) hielten sich aber an Krebs. So gesehen, ist Van Bemmel von Krebs „abgefallen". Welche Kriterien fand man wichtig? Die Nachfolge des geliebten alten Apostels Schwarz? Die Sicherheit einer größeren, auch im Ausland bedeutenderen Gemeinschaft? Die kraftvolle Persönlichkeit von Apostel Krebs? Die versprochene größere Heilsgewissheit des Neuen Lichtes? Jedes Mitglied musste für sich entscheiden, welches Kriterium für ihn oder für sie ausschlaggebend war. Das galt auch für die Witwe des Apostels Schwarz. Auch sie musste sich entscheiden. Sie starb am 30.12.1897. Ihre Wahl lässt sich aus der Todesanzeige ableiten: „Heute entschlief sanft und ruhig in ihrem Herrn und Heiland in der Hoffnung der Ersten Auferstehung [...]

---

haben weiterhin die Kirche am Prinseneiland 89 genutzt, während die Krebs-Nachfolger sich eine neue Versammlungsstätte suchen mussten.

[59] Laut M. Heijder, *De erfgenamen*, S. 40, zog Korff „mit einer kleinen Gruppe weg." Die Mehrheit der Enkhuizer Mitglieder folgte also Kofman und Krebs.

[60] Vgl. M.J. Tang, *Het apostolische Werk in Nederland*, S. 58.

Frau Emilie Karolina Henriette Janssen, Witwe des hochw. Herrn F.W. Schwartz [...]. In Namen der Gemeinde, M. van Bemmel, Ap. des Stammes Juda.“

Hersteld Apostolische Zendingkerk 1897-1947

Van Bemmel war am 14.2.1886, fast 25-jährig, von Schwarz versiegelt worden.[61] Jetzt, elf Jahre später, hatte er als neuer Apostel die schwierige Aufgabe, die Situation in den übrig gebliebenen Gemeinden Amsterdam, Enkhuizen und Haarlem zu konsolidieren. Viele Mitglieder und Ämter hatten ihm den Rücken gekehrt. Wenn man davon ausgeht, dass Ende 1895 die „gesamte Anzahl Seelen jener [sieben] Gemeinden [...] sehr sicher nicht mehr als tausend betrug",[62] dann ist anzunehmen, dass höchstens 300-400 Mitglieder in der HAZK geblieben sind. In den letzten Jahren des ausklingenden 19. Jahrhunderts verbesserte sich die Lage nicht. Korff urteilt euphemistisch: „Nach dieser Spaltung folgte für Juda ein Zeitabschnitt mit wenig Blüte."[63] Der Amsterdamer Prophet Vleck verließ mit dem Ältesten Gildemeester und einigen Mitgliedern die Gemeinde. Diese Gruppe, die sich Apostolische Broederschap (Apostolische Brüderschaft) nannte,[64] hielt ihre Gottesdienste an der Elandsgracht 13 in Amsterdam[65] ab und existierte noch Mitte der 1930er Jahre, war aber zu diesem Zeitpunkt laut Korff „fast gänzlich aufgelöst".[66] Auch der Amsterdamer Hirte Meijnders verließ die HAZK. Einzelne Kontakte gab es im ersten Dezennium von Van Bemmels Aposteltätigkeit mit den unzufriedenen deutschen Amtsträgern Friedrich Strube und Otto Franz Clauß. Clauß war am 11.7.1897 in der HAZK in Amsterdam „durch den Mund unsres Priesters und Propheten Vleck [...] zum Apostel von dem 3mal heiligen Gott für den Stamm Asser in Deutschland gerufen und [...] danach vom Apostel des Stammes Juda M. van Bemmel mit Handschlag und Bruderkuss in den Ring der Apostel auf- und angenommen worden."[67]

---

[61] Vgl. M. van Bemmel, *Voor, met en na de roepingsdag*, S. 1.

[62] *Van Licht tot Licht*, S. 57.

[63] A.J. Korff und J. van Bemmel, *Beknopte geschiedenis*, S. 49.

[64] Mitteilung von C.G. Reemer.

[65] Vgl. K. Handtmann, *Die Neu-Irvingianer oder die „Apostolische Gemeinde". Ihre Geschichte, Lehre und Eigenart dargestellt*, Gütersloh ²1907, S. 35.

[66] A.J. Korff und J. van Bemmel, *Beknopte geschiedenis*, S. 49. Laut M. Heijder, *De erfgenamen*, S. 17, nannte Vleck sich später Apostel.

[67] *Wir Endesunterzeichneten Apostel, Priester, Diakonen, Diakonen-Evangelisten, Unterdiakonen und Unterdiakonen-Evangelisten etc. vom Stamm Juda und der Gemeinde Amsterdam erklären hierdurch usw. usw. usw.*, Berga (Elster) o.J., S. 1. Ob dieser

Später hat er sich (und vielleicht auch Strube) möglicherweise Vleck angeschlossen. Auch der deutsche Prophet Hugo hat sich (zeitweilig?) dieser Gruppe angeschlossen.[68]

N.J. Verkruisen sr.

Uneinigkeit bestand auch mit dem Hirten der Gemeinde Haarlem, Verkruisen, Van Bemmels Schwiegervater. Das heikle Thema war: Die Natur von Christus. Verkruisen behauptete, dass Christus auf Erden nur Mensch gewesen sei, obgleich ohne Sünde. Van Bemmel dagegen schien zur anderen extremen Haltung zu neigen, nämlich, dass Christus nur als Gott auf Erden gelebt und gehandelt habe. Dies führte dazu, dass Van Bemmel sich weigerte, die Gemeinde in Haarlem zu besuchen und dort die Versiegelung durchzuführen. Nachdem Verkruisen 1905 gestorben war, untersagten die Haarlemer Diakonen Van Bemmel, den Rufungsgottesdienst für einen neuen Priester abzuhalten. Ungefähr zehn Jahre lang gab es kein priesterliches Amt in der Gemeinde. Ab 1913 folgte dann eine vorsichtige Annäherung und 1915 durfte Van Bemmel den Rufungsgottesdienst halten. Es gab jedoch ein Problem.

„Ring der Apostel" zu diesem Zeitpunkt aus mehr als einer Person (Van Bemmel selbst) bestand, ist unklar.

[68] Für Strube vgl. J.A. Schroeter, *Die Katholisch-apostolischen Gemeinden in Deutschland*, S. 589ff[132]. Clauß hatte zusammen mit Krebs 1894 Schwarz besucht und trennte sich später von Krebs. Clauß (geboren 1848) war verheiratet mit Emilie Maria (geboren 1876), einer Tochter von G.F. Lankamp. Das Ehepaar wohnte bis 1909 in Amsterdam und zog dann nach Oosterbeek (nahe Arnhem). Diese Informationen sind Untersuchungen von C.G. Reemer zu entnehmen. Vieles aus diesen ersten Jahren nach der Spaltung ist noch ungeklärt und bedürfte einer gesonderten Untersuchung.

Zu diesem Zeitpunkt gab es an priesterlichen Ämtern in der HAZK nur noch den Hirten Korff aus Enkhuizen und Van Bemmel selbst. Im ganzen Stamm gab es keinen einzigen Bischof, Ältesten, Evangelisten oder Propheten. Van Bemmel umging dieses Problem, indem er für den Rufungsgottesdienst einen prophetisch begabten Amsterdamer Diakon-Evangelist als diensthabenden Propheten berief. Trotzdem wurde die Rufung von einem Haarlemer Gemeindemitglied ausgesprochen und vom diensthabenden Propheten erst anschließend bestätigt: Der Diakon J.W. Verkruisen (Sohn von N.J.) wurde neuer Hirte der Gemeinde.[69]

Ab 1920 verbesserte sich die Situation in der HAZK langsam. In 's-Gravenhage und Arnhem wurden neue Gemeinden gegründet und einige neue priesterliche Ämter gerufen, u.a. für Amsterdam Evangelist N.J. Verkruisen jr. (Bruder von J.W., Sohn von N.J.), der 1922 nach 's-Gravenhage umzog. Der völlig unerwartete Tod von Apostel van Bemmel am 26.2.1925 versetzte den Stamm in tiefe Trauer. Die priesterlichen Ämter entschlossen sich, „so gut wie möglich nach dem Testament von Apostel Schwarz zu handeln, obwohl dies durch die geänderten Umstände (z.B. das Fehlen von anderen Aposteln) nicht ganz umgesetzt werden konnte.“[70] Nach der Trauerzeit von zwölf Wochen wurde im Rufungsgottesdienst der Amsterdamer Diakon-Evangelist J.G. Kalwij zum neuen Apostel für Juda berufen. Bevor dieser zur HAZK übertrat, war er Mitglied der Heilsarmee. Er war „ein besonders rechtgläubiger Christ, der seinen Herrn und Sender von Herzen liebte.“[71]

In den letzten Jahren Van Bemmels waren Kontakte mit einigen deutschen und australischen apostolischen Mitgliedern geknüpft

[69] Vgl. den Artikel von C.G. Reemer, *Achtergrond van de breuk tussen de gemeente Haarlem en apostel Van Bemmel in 1904*, Haarlem 2003. Meine Ausführungen fußen hierauf und auf J. van der Poorten, *Mijn koninkrijk is niet van deze wereld*, S. 51.

[70] A.J. Korff und J. van Bemmel, *Beknopte geschiedenis*, S. 50.

[71] J. van der Poorten, *Mijn koninkrijk is niet van deze wereld*, S. 52.

worden, die eine Verbindung zur HAZK wünschten.[72] Kalwij entschied sich daraufhin, Rufungsgottesdienste für das Ausland abzuhalten. Der Haarlemer Diakon H.R. Bosveld wurde am 23.3.1927 als Apostel für Australien, der Amsterdamer Evangelist A.J. Korff am 15.8.1928 als Apostel für Deutschland und G. Vanderbeek in August 1929 als Apostel für die Vereinigten Staaten gerufen. In der Zwischenzeit hatte die Amsterdamer Gemeinde ihre bisherige Kirche am Prinseneiland 89 verlassen. Sie war zu klein, der bauliche Zustand schlecht und ihre Lage im westlichen Hafengebiet ungünstig geworden. Ein Kirchengebäude der Gereformeerde Kerk (Reformierten Kirche) an der Bloemgracht 98 wurde gekauft, umgebaut und am 27.7.1927 eingeweiht.[73]

Kalwijs erstes Problem gab es mit dem Evangelisten N.J. Verkruisen jr., der einzige Priester der Gemeinde 's-Gravenhage. Dieser vertrat die Meinung einer Gleichstellung der vier Ämter Apostel, Prophet, Evangelist und Hirte. Er meinte, dass die Priesterversammlung die HAZK leiten sollte und nicht nur der Apostel. Die Folge war Verkruisens Suspendierung vom Amt 1929, wonach er sich mit einem Teil seiner Gemeinde von der HAZK abspaltete. Er lehrte, „dass die Taufe in der Christenheit [die Taufe anderer christlichen Kirchen] keinen Wert hat, so dass er jeden, der dies wünscht, wiedertauft; ferner, dass nicht die Taufe, sondern das H. Abendmahl die Wiedergeburt bewirkt [...] außerdem, dass alle Ämter nur ein Amt [niederländisch mit Nachdruck: één ambt] tragen und deshalb alle [Ämter] versiegeln müssen, womit er dann auch Weihnachten 1929 angefangen hat."[74] Verkruisen nannte seine Gemeinde Apostolische Gemeente (Apostolische Gemeinde). Die Mehrheit der HAZK-Mitglieder in 's-Gravenhage scheint ihm gefolgt zu sein, da er weiterhin die Mitte der 1920er Jahre eingeweihte Kirche an der Stortebekerstraat 33 für seine

---

[72] Vgl. hierzu besonders C.G. Reemer, *Apostolischen in Queensland. De groep Richter*, o.O. 2006.

[73] Vgl. die Broschüre *Bij de inwijding der Kerk aan de Bloemgracht No. 98, Amsterdam op 27 Juli 1927*, o.O. [1927].

[74] A.J. Korff, *Zwitserse Brief*, Amsterdam 1931, S. 29. Diesen Brief hatte Korff am 29.7.1931 zwei Schweizer HAZK-Mitgliedern geschickt. Er ist in Dezember 1931 von der HAZK-Ämterversammlung in die niederländische Sprache übersetzt und vervielfältigt worden.

Gottesdienste benutzen konnte. Im August 1931 veröffentlichte er ein Buch *De leer der Schriften* (*Die Lehre der Schriften*). In dem begleitenden Brief berichtet er unter anderem (bereits 1931!), dass Japan Amerika den Krieg erklären wird und Deutschland versuchen wird, in ganz Europa die Macht zu erringen. „Keine Macht der Welt kann dieses verhindern, denn es ist das Urteil Gottes."[75] Verkruisen lebte noch Mitte der 1960er Jahre, zu diesem Zeitpunkt leitete er auch noch eine Gemeinde, die dann wohl kurz nach seinem Tod aufgehört hat zu existieren.

Ein weitaus größeres Problem für Kalwij entstand mit den Priestern J.W. Verkruisen und E. Eichenberger, dem Hirten und Evangelisten der Gemeinde Haarlem. Anlass war der misslungene Versuch, ein verstorbenes Mitglied aufzuerwecken. A.J. Korff hat hierüber berichtet, und ich zitiere aus seinem *Zwitserse Brief* (*Schweizer Brief*): „Zur Gemeinde Haarlem gehörten ein Bruder namens Arnold Erkendiep, dessen Frau und drei noch junge Kinder. Er wohnte in Zandvoort. Dieser Bruder erkrankte nun am 9. Dez. [1930]. Nach einigen Tagen stellte der Arzt eine Bauchfellentzündung fest. Hirte V. [Verkruisen] gab ihm die Salbung. Der Gesundheitszustand verschlechterte sich weiter, daher wollte Prophet Ossebaar ihn, als er ihn am Mittwoch, dem 17. Dezember, besuchte, auf ein mögliches Sterben vorbereiten. Schw. Erkendiep, die ebenfalls anwesend war, sagte, dass sie aufgrund vieler Prophetien und Visionen, die Hirte V. am Krankenbett vorgelesen hatte, fest davon überzeugt sei, dass ihr Mann nicht sterben würde. Der Inhalt dieser Offenbarungen war: Br. Erkendiep wird nicht sterben. Als man dann in der Nacht von Donnerstag auf Freitag Hirte V. anrief, zuerst um mitzuteilen, dass der Bruder im Sterben liege, und später, dass er gestorben war, antwortete er: ‚Er stirbt nicht!'"[76] Freitag tagsüber hat dann Verkruisen versucht, den Toten aufzuerwecken. Abends kamen Hirte Verkruisen, Prophet Ossebaar, Evangelist Eichenberger und Hirte de Vries[77] im Sterbehaus zusammen mit zwei

[75] N.J. Verkruisen, *Geachte Lezer(es)*, August 1931, S. 3.

[76] A.J. Korff, *Zwitserse Brief*, Amsterdam 1931, S. 7.

[77] De Vries war Diakon-Evangelist in Haarlem und erst einen Monat zuvor als Hirte für Vlissingen gerufen. Er war wahrscheinlich noch nicht dorthin umgezogen.

Diakonen und einer prophetisch begabten jungen Schwester aus der Gemeinde Haarlem. Nach einem Gebet des Hirten sprach die Schwester eine Prophetie, dass am dritten Morgen ein lautes Jauchzen und ein lautes Rufen zu hören sein werde. Dies wurde, nach einiger Verwirrung, so gedeutet, dass am Sonntag, dem 21. Dezember, die Auferweckung stattfinden würde. An diesem Sonntag hielt Hirte Verkruisen in der Gemeinde deshalb keine ‚normale' Predigt, sondern las sämtliche Offenbarungen vor, die die leibliche Auferstehung von Br. Erkendiep versprachen. Nach der Zusammenkunft „sind dann auch die beiden Priester V. und O.[78] mit dem Auto nach Zandvoort gefahren. [...] So kam man im Sterbehaus an, Br. O. und dessen Ehefrau, Hirte V. und noch einige weitere Personen. Die Prophetien hatten besagt, Br. O. solle den Toten auferwecken. Dieser war so unrealistisch, dies zu versuchen [...] Der Tote blieb aber tot!"[79] Man entschloss sich, dass Ossebaar mit Ehefrau im Sterbehaus bleiben und Verkruisen nach Haarlem zurückfahren würde, um dort den Abendgottesdienst abzuhalten. Er hat dort zusammen mit der Gemeinde eine Stunde lang gebetet und es folgten viele Prophetien, die die leibliche Auferweckung bezeugten. Am Abend fuhr Verkruisen dann abermals nach Zandvoort, überzeugt, dort einem lebendigen Br. Erkendiep zu begegnen. Abermals wurde er enttäuscht.

Am 23. Dezember wurde Erkendiep bestattet. Verkruisen und Eichenberger erklärten nun, die Prophetien hätten auf eine geistliche Auferweckung hingewiesen, somit habe jetzt die erste Auferstehung angefangen. Apostel Korff, der bei der Bestattung anwesend war, hörte von einigen Mitgliedern aus Haarlem, was am Sonntag zuvor so alles geschehen war. Als er Verkruisen und Eichenberger befragte, wurde er von diesen unvollständig informiert. Später am selben Tag besuchte ihn der Prophet Ossebaar, von dem er dann die ganze Geschichte hörte. In einer Priesterversammlung am 30.12.1930 behauptete Verkruisen Kalwij gegenüber, „dass der Herr Br. Erkendiep einen verherrlichten Leib gegeben habe [...] ER VERMUTETE, DASS BR. ERKENDIEP INNERHALB VON ZWEI ODER DREI WOCHEN

---

[78] Eichenberger und (wahrscheinlich auch) De Vries waren in Vlissingen, um dort den Gottesdienst abzuhalten.

[79] A.J. Korff, *Zwitserse Brief*, Amsterdam 1931, S. 12.

ERSCHEINEN WÜRDE."[80] Kalwij entschloss sich, Verkruisen und Eichenberger vom Amt zu suspendieren. Die Folge war, dass sich nahezu die ganze Gemeinde Haarlem von der HAZK abspaltete. Auch Hirte de Vries aus Vlissingen folgte Verkruisen mit einem Teil der dortigen kleinen Gemeinde. Die entstandene Gruppe nannte sich Hersteld Apostolische Zendinggemeente (Wiederhergestellte Apostolische Sendungsgemeinde, kurz HAZG). Zu einer Zusammenarbeit von Hirte Verkruisen mit dem Evangelisten (und leiblichem Bruder) Verkruisen aus 's-Gravenhage ist es nicht gekommen, obwohl beide die gleichen Ansichten bezüglich der Gleichrangigkeit der vier Ämter Apostel, Prophet, Evangelist und Hirte lehrten. In Bundaberg (Australien) folgte Apostel Bosveld J.W. Verkruisen, so dass auch eine Gruppe HAZK-Mitglieder in Australien zur HAZG übertraten. Die Abspaltung der HAZG war zahlenmäßig bedeutend. Haarlem war damals die zweitgrößte HAZK-Gemeinde mit schätzungsweise 250 bis 300 Mitgliedern.[81] Vlissingen war klein und hatte nur einige Dutzend Mitglieder. Etwa 1935 schreibt Korff, dass von der HAZK-Zeitschrift *Vrede zij U (Friede sei mit Euch)* jede Woche 240 Exemplare versandt wurden.[82] Eine Mitgliederzahl von 1000-1500 scheint deshalb realistisch. Die Abspaltung der HAZG hat die HAZK somit etwa 15-25% ihrer Mitglieder gekostet.

Innerhalb der HAZK wurden ab 1930 einige neue Gemeinden gegründet, nämlich in Arnhem, Wageningen und Utrecht. Am Ende der 1930er Jahre entstand auch in Rotterdam eine Gemeinde. In 's-Gravenhage, Haarlem und Vlissingen wurde mittlerweile versucht, die Gemeinden wieder neu zu beleben. Mehrere Priester wurden gerufen und von Apostel Kalwij ordiniert. Der für Deutschland zuständige Apostel Korff war, bedingt durch die Krankheit seiner Frau, nicht imstande, in sein Arbeitsgebiet umzuziehen. Er besuchte die kleine Gemeinde in Braunschweig aber regelmäßig, bis er dort im September 1935 festgenommen wurde. Korff beschreibt selber, was passierte: „Er [Korff] hatte die Absicht, am Dienstag, dem 24. September 1935, nach Amsterdam [...] zurückzukehren, konnte jedoch dieses Vorhaben nicht

[80] Ebd., S. 21. Großbuchstaben im Original.
[81] Mündliche Mitteilung von C.G. Reemer.
[82] A.J. Korff und J. van Bemmel, *Beknopte geschiedenis*, S. 51.

durchführen, da er von der Polizei festgenommen wurde. Ein ihm feindlich gesinnter Bruder hatte den Apostel beschuldigt staatsgefährdend zu sein. Im Haus der Schwester Witwe Seiler fand die Verhaftung statt. Die in ihrem Haus gefundenen Unterrichtsbriefe von Apostel Korff wurden von der Polizei gesucht und gefunden. In einem von diesen Unterrichtsbriefen wurde vor dem Sterilisationsgesetz des Hitlerregimes und dem Buch Rosenbergs gewarnt [...]. Erst am Samstagabend, dem 28. September 1935, konnte Apostel Korff das Gefängnis verlassen [...] allerdings unter der Bedingung, dass er nicht mehr nach Deutschland einreisen durfte [...]. Er konnte erst im August 1948 [...] wieder nach Deutschland reisen, um dort als Apostel zu dienen."[83]

Da einige Mitglieder aus Amsterdam nach Südafrika emigriert waren, entschloss man sich, einen Rufungsgottesdienst zu halten.[84] Am 1.6.1936 wurde der Amsterdamer Diakon C. Spies zum Apostel für dieses Land gerufen. Er und seine Ehefrau reisten zwei Jahre später ab. Am 20.6.1937 wurde dem Amsterdamer Propheten H.M. van Bemmel (Sohn des Apostels van Bemmel) in einer Prophetie befohlen, dass er Königin Wilhelmina über „die Sachen, die bald passieren werden" informieren soll. Eine weitere Prophetie sagte ihm u.a.: „Ein Weh wird bis zum irdischen Palast durchstoßen."[85] Van Bemmel ließ der Königin, die einer Audienz nicht zugänglich war, am 19.4.1938 eine Schrift über den Groot-Officier (Oberhofmeister) zukommen. Der deutsche Überfall auf die Niederlande am 10.5.1940 wurde später als Erfüllung der obengenannten Prophetien gedeutet. Während der Schlacht um Arnhem am Ende des Krieges wurde das dortige Kirchengebäude am 18.9.1944 zerstört. Der Arnhemer Hirte B. Carmiggelt war einen Tag zuvor auf dem Fahrrad nach Wageningen gefahren, um dort den Morgengottesdienst zu halten. Auf dem Rückweg wurde er tödlich von

---

[83] Ebd., S. 53. Gemeint ist Alfred Rosenbergs *Der Mythus des 20. Jahrhunderts.*

[84] Obwohl diese Fakten nicht einen direkten Bezug zur niederländischen HAZK-Geschichte haben, erwähne ich sie trotzdem, weil die Zwölfzahl der Apostel in der HAZK noch eine wichtige Rolle spielen wird, wie wir weiter unten noch sehen werden.

[85] A.J. Korff und J. van Bemmel, *Beknopte geschiedenis*, S. 54.

einer Kugel getroffen. Seine Leiche wurde erst nach zwei Monaten gefunden.

Kurz nach dem Krieg, am 28.11.1946, starb Apostel Kalwij. Die Trauerzeit dauerte einen Monat, den hierdurch notwendig gewordenen Rufungsgottesdienst hielt Apostel Korff am 15.1.1947. „Der Herr rief den 45-jährigen Amsterdamer Diakon D.W. Ossebar zum Apostel von Juda." Im Abendgottesdienst desselben Tages wurde Apostel Ossebaar von Apostel A.J. Korff in sein Amt eingesegnet.“[86]

---

[86] Ebd., S. 57.

Hersteld Apostolische Zendinggemeente 1930-1965
Nahezu alle HAZK-Mitglieder aus Haarlem schlossen sich der HAZG an, was zur Folge hatte, dass diese die am 23.12.1925 eingeweihte Kirche an der Jacobijnestraat 17 behalten konnte.[87] Nach der Spaltung folgte „ein Zeitabschnitt von Konsolidierung und Erholung von den Ereignissen".[88] 1934 entstanden Kontakte zum Schweizerischen Diakonieverein, und damit auch zu Robert Hermann Geyer, Apostel der Allgemeinen Apostolischen Mission.[89] Man besuchte sich regelmäßig und predigte in den jeweiligen anderen Gemeinden. Nachdem Hirte Verkruisen am 17.8.1934 gestorben war, bezweifelten die beiden übrigen Priester Eichenberger und De Vries, ob ein Rufungsgottesdienst gehalten werden könne, weil dieser regelhaft von einem Apostel abgehalten werden müsse. Nach langem Zögern entschieden sie, da sie die Gleichwertigkeit der vier Ämter lehrten, dass dies auch ohne Apostel gestattet sei.

In den Jahren bis zum Zweiten Weltkrieg war etwas Wachstum zu verzeichnen. Kleine Gemeinden entstanden in Hillegom, IJmuiden und Den Helder. Die Gesamtmitgliederzahl dürfte bei etwa 600 gelegen haben.[90] Am 26.12.1943 wurde F.D. Sietses als neuer Hirte für Haarlem gerufen. Neu hinzugekommene Erwachsene und in die HAZG hineingeborene Kinder wurden getauft, aber nicht versiegelt. Später ging man „nach langem Zögern und Studium der Schrift und prophetischer Anweisungen [...] über zum Spenden der Versiegelung durch alle Amtsträger."[91] Ende 1945 wurde etwa zwei Drittel der seit 1930 geborenen und übrigen hinzugekommenen Mitglieder versiegelt. Kurze Zeit später wurden dann auch die restlichen Mitglieder versiegelt. Ab diesem Zeitpunkt wurden neue Mitglieder sofort

---

[87] Das führte auch dazu, dass HAZK-Mitglieder HAZG-Mitglieder bis heute „Jacobijnen" („Jakobiner") nennen.
[88] C.G. Reemer, *Beknopte geschiedenis van de Hersteld Apostolische Zendinggemeente*, [Haarlem 2006,] S. 1.
[89] Für R.H. Geyers Lebenslauf vgl. J.A. Schroeter, *Die Katholisch-apostolischen Gemeinden in Deutschland*, S. 247-256.
[90] Mündliche Mitteilung von C.G. Reemer.
[91] C.G. Reemer, *Beknopte geschiedenis*, S. 1.

versiegelt, eine Handlung, die durch alle priesterlichen Amtsträger vollzogen werden konnte.

Die HAZG ist mit der genannten Handlungsweise, dass alle Ämter versiegeln können, eine Ausnahme unter allen apostolischen Gemeinschaften. Laut der HAZG gab es schon in der HAZK unter Apostel Kalwij bei einigen Priestern Zweifel, ob nur der Apostel versiegeln könne. Grund war ein schwindendes Vertrauen Kalwij gegenüber. Auch das Amtsverständnis von Kalwij wurde nicht von allen Priestern vorbehaltlos akzeptiert. „Einmal bat Hirte van der Beek aus Enkhuizen Ap. Kalwij, mal offen mitzuteilen, wie seine Auffassung über sein Amt sei. [... Kalwijs Antwort] bedeutete, dass der Herr alles seinen Aposteln anvertraut hatte! Daraufhin erwiderte Hirte van der Beek: ‚Wenn es so ist, dass der Herr alles den Aposteln anvertraut hat, dann können wir alle nach Hause gehen, denn wir, Priester, tun eigentlich das, was der Herr nur den Aposteln anvertraut hat, abgesehen vom Versiegeln [...]'. Jeder wusste, welche seine [Kalwijs] eigentliche Meinung war. Die besagte ganz einfach, dass der Apostel alles entscheiden könne und dass die Priester als seine Untergebenen nur zu tun haben, was er von ihnen verlangte!"[92] Als dann nach 1930 die HAZG keinen Apostel mehr hatte, wurde nach einiger Zeit das Thema „Apostelamt und Versiegelung" aufgenommen. Nach dem Studium der Heiligen Schrift erkannte man, dass alle priesterlichen Amtsträger zur Melchizedekschen Priesterschaft gehören. Alle diese haben Auftrag und Zuständigkeit, „alle Arbeit im Königreich Gottes zu tun, also auch zu versiegeln".[93]

Pfingsten 1947 fing ein neuer Zeitabschnitt an: Der Haarlemer Diakon G. Bosveld wurde zum Apostel gerufen. „Er war der erste Apostel, der nicht die Aufsicht über die anderen Bedienungen hatte und als *einziger* die Versiegelung durchführen würde, aber er stand völlig dahinter."[94] Wegen prinzipieller Meinungsverschiedenheiten mit Ev. Eichenberger zog Bosveld sich am 1.11.1953 von seinem Amt zurück. Aufgrund von Offenbarungen und Schriftstudien wurde 1955 beschlossen, einen

[92] E. Eichenberger, *Apostelambt en Verzegeling*, Haarlem [1947], S. 2.
[93] Ebd., S. 4.
[94] C.G. Reemer, *Beknopte geschiedenis*, S. 1. Hervorhebung im Original.

Gottesdienst abzuhalten, in dem sieben Brüder - stellvertretend für eine Gruppe nicht namentlich bekannter entschlafener Personen - getauft und versiegelt werden sollten. Derartige Gottesdienste hat es seitdem noch öfter gegeben, wenn prophetische Worte dazu aufriefen.

G. Bosveld

In Australien war 1930 der HAZK-Apostel H.R. Bosveld der HAZG beigetreten. Als dieser 1955 starb, wurde 1956 der Diakon D. Derr als neuer Apostel für dieses Land gerufen. Als er im Mai 1958 in Bundaberg, Australien, ankam, war die Gemeinde fast gänzlich aufgelöst.[95] Nachdem 1958 der Haarlemer Evangelist Eichenberger gestorben war, gab es in der HAZG nur noch zwei Priester, Sietses und De Vries. Da kleine Missionsgemeinden in Amsterdam und Beverwijk entstanden waren, wurde 1964 ein Rufungsgottesdienst abgehalten, in dem für Haarlem zwei (B. Reemer als Prophet, H. Rollfs of Roelofs als Evangelist), für Amsterdam ein (G.L. Wesselius als Hirte) und für Beverwijk auch ein (W.A. Arnaud de Calavon als Evangelist) Priester gerufen wurden. Kurze Zeit später entstand in Arnhem eine weitere Gemeinde, für die B.W. van den Engel 1965 als Evangelist gerufen wurde. Ab etwa 1964 fanden regelmäßige Versammlungen von Priestern statt, „die ‚Algemene Priestervergadering' [Allgemeine Priesterversammlung] genannt wurden und in denen gemeinsame Beschlüsse gefasst werden konnten; etwa wie ein ‚Verwaltungsrat'."[96]

[95] Nähere Einzelheiten dazu findet man in C.G. Reemer, *Apostolischen in Queensland. De groep Richter*, o.O. 2006.
[96] C.G. Reemer, *Beknopte geschiedenis*, S. 2.

Hersteld Apostolische Zendinggemeente in de Eenheid der Apostelen 1897-1951

Bereits 1896 versammelten sich kleinere Gruppen Gläubiger in Groningen, Nijmegen, Enschede und Rotterdam, die alle bei der Spaltung die Seite von Krebs und Kofman gewählt hatten. Nur kurze Zeit später entstand auch in Alkmaar eine Hausgemeinde. „Wo es nicht möglich war, dass ein gesundes Geistesleben sich offenbaren konnte, so lange von Priestern regiert wurde, die in ihrer eigenen Meinung standen und ihren Sender, Jesus im Apostelamt, nicht kannten, wurde nach ihrem Abfall und Entfernung das apostolische Leben offenbar in der Erkenntnis des aus Gnade gegebenen Apostelamt. [...]. Unter der väterlichen Leitung des Apostels Krebs wurden die zerstörten Stellen wieder aufgebaut, und wo damals Dürre war, entstanden durch die Arbeit des gesandten Sohnes Bäche und Wasserströme, aus denen Wasser des Lebens fließt, woran die Kinder des Königreichs sich erquicken.“[97] Die mittlerweile zwölf Gemeinden wurden in drei Bezirke (Enkhuizen, Amsterdam und IJmuiden) aufgeteilt.[98] Sonntag, der 12.6.1898, wurde als Datum für den Rufungsgottesdienst für einen neuen Apostel gewählt. In der angemieteten Gereformeerde Kerk (Reformierte Kirche) an der Overtoom 23[99] in Amsterdam versammelten sich „etwa 500 Mitglieder [...] und begrüßten freudig die Mit-Apostel und Freunde ihres entschlafenen Apostels Schwarz in den Brüdern aus Deutschland. [...] Apostel Krebs eröffnete und leitete den Gottesdienst und beauftragte Ap. Niehaus, die Predigt zu halten.“[100] In diesem Gottesdienst hat „Gott der Vater [...] für die getreuen Nachfolger seines Sohnes einen **aus ihrer Mitte** genommen und bestimmt, in wem Jesus Sein Sohn als der Apostel der Gesandten sein

[97] S.J. de Vries und J.M. Brakke, *Geen „Scheuring“, doch „Afval“, Teil I,* S. 44.

[98] Die Gemeinden Enkhuizen, Hoorn, Den Helder, Alkmaar, Wolvega und Enschede gehörten zum Bezirk Enkhuizen. IJmuiden, Haarlem und Nijmegen gehörten zum Bezirk IJmuiden. Amsterdam, Rotterdam und Groningen zum Bezirk Amsterdam. vgl. *Lijst der Apostolische Gemeenten*, Wolvega [1898], S. 4.

[99] 1911 käuflich erworben, vgl. M. Heijder, *De erfgenamen*, S. 17.

[100] *De zevende Bazuin*, 2. Jg. Nr. 23, September 1898, S. 87. Die Apostel Krebs, Niehaus und Ruff waren anwesend.

würde"[101]. Der Stamm-Bischof Jacob Kofman wurde zum neuen Apostel gerufen und in die Einheit der Apostel aufgenommen. In den darauf folgenden Tagen besuchten die Apostel noch weitere Gemeinden, so z.B. am 14.6. IJmuiden: „Am Abend wurde Gottesdienst gehalten in einem schön geschmückten Lokal zur Ehre des Davidssohnes und seiner Gesandten. Jesus Christus ist der wahre Apostel in seinen gesandten Aposteln, und wer die Gesandten ehrt, der ehrt den Sender."[102] Tang schreibt: „‚Christus im Apostel' und ‚Christus als Apostel' sind Redewendungen, denen wir von da ab immer öfter und unverblümter in der neuapostolischen Literatur begegnen."[103]

Der neue Apostel Jacob Kofman wurde in Enkhuizen geboren und heiratete dort, 19 Jahre jung, 1863. Aus dieser Ehe gingen zwischen 1864 und 1886 14 Kinder (davon zwei Totgeburten) hervor, von denen zehn zwischen 1870 und 1896 starben. Das waren auch unter Berücksichtigung der damals wesentlich höheren Kindersterblichkeit außerordentlich viele. „Über die Todesursache der Kinder sind wir uns nicht im Klaren. [...] Eines ist sicher: die älteste Tochter, Cornelia, war mit dem Tbc-Bazillus infiziert. Sie war Trägerin der so genannten offenen Tuberkulose und wahrscheinlich muss man sie als nicht-entdeckte Quelle des Elends sehen."[104] J. Kofman und T. Korff gehörten beide zu den ersten Mitgliedern der Enkhuizer Abteilung der Vereeniging tot Verbreiding der Waarheid.[105] Sie arbeiteten auch geschäftlich zusammen. Und sie gehörten zu der ersten Gruppe, die Schwarz 1869 in Enkhuizen versiegelt hatte. Im selben Jahr wurde Kofman zum Evangelisten und Korff zum Hirten der Gemeinde gerufen. Die Spaltung im Jahr 1897 „führte leider zu einem Bruch

---

[101] S.J. de Vries und J.M. Brakke, *Geen „Scheuring", doch „Afval", Teil II,* S. 64. Hervorhebung im Original.

[102] *De zevende Bazuin*, 2. Jg. Nr. 24, Oktober 1898, S. 95.

[103] M.J. Tang, *Het apostolische Werk in Nederland*, S. 61. Mit neuapostolisch meint er hier nicht nur deutsche, sondern auch die von der HAZEA herausgegebene niederländische Literatur.

[104] M. Heijder, *De erfgenamen*, S. 27.

[105] Vgl. dazu in diesem Aufsatz das Kapitel „Apostolische Zending - Hersteld Apostolische Zending Kerk 1863-1897".

zwischen beiden Männern, die so viele Jahre in Freundschaft zusammengearbeitet hatten."[106]

Im Gegensatz zur HAZK konnte die HAZEA ab 1897 ein rasantes Wachstum verzeichnen: 1898 wurden 250 Seelen versiegelt, 1899 313, 1900 367, 1901 572, 1902 697, 1903 848, 1904 1169, 1905 1316, 1906 1035, 1907 980, 1908 1123, 1909 1076.[107] Dieses Wachstum wurde als logische Folge des „Säuberungsprozesses"[108] von 1897 gesehen. In einer Broschüre werden 1906 schon 70 Gemeinden aufgelistet.[109] In Amsterdam gab es zu dem Zeitpunkt schon drei Gemeinden, in Haarlem, Leiden und Utrecht jeweils zwei. Einige Mitgliederzahlen: Amsterdam 2470, Enschede 475, Utrecht 380, Leiden 375, IJmuiden 312, Den Helder 311, Enkhuizen 305, Groningen 300.[110] Man ist ständig auf der Suche nach neuen oder anderen Kirchen oder Mietlokalen. „Nach dem Gottesdienst am 22. Dezember 1907 in Amsterdam-1 (Overtoom), seufzte der Apostel: ‚Ich bemitleide diejenigen, die während des Gottesdienstes stehen mussten. Der liebe Vater möge uns doch in Amsterdam bitte bald ein viertes Lokal bescheiden.'"[111]

Kofmans wichtigste Stütze in seiner Heimatgemeinde Enkhuizen war der Priester Johannes Hendrik van Oosbree, der 1901 als Hirte-Evangelist ordiniert wurde. Er unterstützte Kofman auch bei den immer umfangreicheren Verwaltungsangelegenheiten. Van Oosbree

---

[106] M. Heijder, *De erfgenamen*, S. 34.

[107] Vgl. M. Heijder, *De erfgenamen*, S. 42.

[108] *Van Licht tot Licht*, S. 81.

[109] J. Kofman, *„Apostelen" of „Predikanten?" Beoordeling der „LEZING", gehouden door het Ministerie van Predikanten der Ned. Hervormde Gemeente te Amsterdam, 1 Februari 1906, over de z.g. Apostolische Kerk, of de H.H. Predikanten in strijd bevonden met de Waarheid*, Enkhuizen 1906, S. 28. Es war dies eine polemische Reaktion auf das Buch von C. Hunningher, *De z.g. Apostolische Kerk*, Amsterdam 1906. Eine andere, die HAZEA kritisch betrachtende Publikation war von A.J. van 't Hooft, *De propaganda der Hersteld-Apostolische Zendingsgemeente*, Rotterdam 1908. Die Reaktion der HAZEA darauf war von S. de Vries, *Een verweer tegen de aanvallen van den Predikant A.J. van 't Hooft te Meppel*, Enkhuizen [1908].

[110] *Van Licht tot Licht*, S. 84.

[111] M. Heijder, *De erfgenamen*, S. 42.

leitete ab 1909 als Bezirksältester den Unterbezirk Enkhuizen. Bischof Horsman war für den Unterbezirk IJmuiden, Bischof de Vries für den Unterbezirk Amsterdam zuständig. Ab 1905 ließ die Gesundheit von Kofman mehr und mehr nach. 1906 klagte er über Schwindel, ein Jahr später über Erkältungen, Lungenschmerzen, Fieber.[112] Immer öfter hatte er gesundheitliche Probleme. Dies veranlasste Stammapostel Niehaus (Krebs war am 21.1.1905 gestorben), die beiden Bischöfe Horsman und De Vries[113] zu fragen, ob sie Kofmans Nachfolger im Amt werden wollten. Sowohl diese beiden als auch Kofman selbst nannten aber den Namen von Van Oosbree.[114] Am 21.6.1910 reiste Niehaus zusammen mit Apostel Bornemann in die Niederlande. Einen Tag später wurde am Abend in Enkhuizen ein Ämtergottesdienst abgehalten. Vor dem Gottesdienst wurde mitgeteilt, dass „falls Apostel Kofman anwesend sein wird, man ihm weder die Hand geben noch etwas fragen solle.“[115] Kofman war jedoch nicht anwesend: Der Arzt

---

[112] Vgl. M. Heijder, *De erfgenamen*, S. 33.

[113] Beide wurden 1897 als Bezirksälteste, 1901 als Bischof und 1904 als Bischof-Siebziger (etwa: Apostelhelfer) ordiniert. Vgl. M. Heijder, *De erfgenamen*, S. 13-14.

[114] Die maschinenschriftliche Abschrift der Autobiographie von H. Niehaus, *Eine Lebensbeschreibung, und Anfang vom Gotteswerk hier*, o.O. 1928, S. 24-25, spricht zu diesem Thema: „Der Apostel Kofmann ist im Jahre 1910 gestorben, aber in seiner Letztzeit war er auch nicht mehr dienstfähig, was er aber selbst nicht glaubte. Es standen dort zwei Apostelhelfer, Horstmann und de Vries. Das kostete erst Arbeit, bis ich die überzeugte, dass sie die Last eines Apostels nicht tragen konnten. Der liebe Gott hatte mir den Aeltesten Oosbréé gezeigt, aber der war in Enkhuizen als Kaufmann. Die Aussonderung von dem Apostel Oosbree im Jahre 1910 war auch eine wunderbare. Davon will ich euch weiter nichts sagen, nur das, dass der Helfer Horstmann mich gebeten hat ihn damit zu verschonen. Dann kam auch der Helfer de Vries und bat ihn damit zu verschonen. Der ~~Helfer~~ Alteste Bracke [Gemeindeälteste Brakke aus Rotterdam] ebenfalls“. Tippfehler und das Gestrichene im Original. In: S. Scheibler, *J.G. Bischoff*, S. 20 (Bild unten), und S. Scheibler, *Hermann Niehaus*, S. 87 (Bild), sind De Vries, Horsman und Brakke zu sehen.

[115] M. Heijder, *De erfgenamen*, S. 54. Laut Heijder (auch auf S. 54) hatte Kofman Arterienverkalkung und zeigte Symptome von Demenz.

hatte ihm verboten den Gottesdienst zu besuchen.[116] Niehaus teilte mit, dass am nächsten Tag ein neuer Apostel ordiniert werden sollte. Am Donnerstag, dem 23.6.1910 wurde dann in einem Gottesdienst im angemieteten Concertgebouw (Konzertgebäude) in Amsterdam der Bezirksälteste van Oosbree als neuer Apostel für die mittlerweile 7400 Mitglieder[117] in den Niederlanden ordiniert.

Der Gesundheitszustand Kofmans verschlechterte sich, und noch kein Jahr später, am 16.6.1911, starb er in seinem Haus in Enkhuizen. Vier Tage später wurde er bestattet. In dem *Bijvoegsel van het Apostolisch Weekblad* (*Beilage zum apostolischen Wochenblatt*) vom 9.7.1911 wurde die Ansprache von Niehaus in Enkhuizen anlässlich Kofmans Bestattung veröffentlicht, ebenso eine Predigt, die er am Abend in der Kirche an der Overtoom in Amsterdam hielt. Einige Zitate aus dieser Predigt: „Viele apostolische Geschwister nannten den Apostel [Kofman] ‚Vater', aber ich sage: gebt mir den mir durch Jesus, den großen Apostel, gegebenen Namen, d.h. *Apostel.* Das Apostelamt ist das Amt des Geistes. Im Werk nennt man mich *Stammapostel.* [...] Ein Vater ist nur gut für das Bezahlen aller Schulden usw., aber sobald ich an den **Apostel** komme, weiß ich: damit ist **Gnade verbunden**. [...] ‚Vater' sagen ist etwas ganz anderes, das ist nur ‚Vater', ‚Vater', aber zu dem Apostel zu kommen ist etwas anderes. [...] Unser Gott bewirkt das Neue; *Vater* Kofman ist bestattet, aber *Apostel van Oosbree* lebt."[118]

Van Oosbree war, als er am 23.6.1910 ordiniert wurde, 48 Jahre alt und hatte nur ein Jahr als Bezirksältester gedient. Als Apostel hatte er eine Probezeit von einem Jahr.[119] Er war als junger Mann am 25.12.1878 in Amsterdam in der Apostolische Zending versiegelt worden. Er war aktiv, enthusiastisch, wurde ein Jahr später Chordirigent und 1881

---

[116] Vgl. *Mededeelingen*, in: Hersteld Apostolisch Weekblad, 16. Jg. Nr. 26, 26.6.1910, S. 136.

[117] Vgl. *Van Licht tot Licht*, S. 89.

[118] *Bijvoegsel van het Apostolisch weekblad*, 17. Jg. Nr. 28, 9 Juli 1911, S. 141. Hervorhebung im Original.

[119] Vgl. *Van Licht tot Licht*, S. 142.

Unterdiakon.[120] Alsbald wurden ihm neue Aufgaben zugeteilt. Nach seinem Umzug nach Enkhuizen (September 1885) wurde er Diakon (1887) und Priester (1897). Es stimmt voll und ganz, wie es die Autoren von *Van Licht tot Licht* schreiben, dass „mit dem Wirken von *Apostel* van Oosbree ein neuer Zeitabschnitt des Werkes Gottes in den Niederlanden eingeleitet wurde, und zwar in mannigfacher Hinsicht."[121] Kofman wurde meistens von den Mitgliedern „Vater" genannt. Das wollte Van Oosbree nicht: „[...] dieses ‚Vater' war eine ziemlich oberflächliche Aussage, die sogar auch von örtlichen [Enkhuizer] Menschen, die Apostel Kofman seit Jahren als Mitbürger kannten, verwendet wurde."[122] Es hätte vielleicht auch etwas unerwünscht Belustigendes, wenn ein dynamischer 48-Jähriger mit „Vater" angeredet wird. Schon im *Hersteld Apostolisch Weekblad* vom 10.7.1910 schreibt Van Oosbree zu Briefen, in denen er mit „Vater" oder „Einheitsvater" angeredet wird: „Meine Lieben, ich bitte euch freundlich, lasset euch doch in die kerngesunde Apostellehre führen und leiten [...]. Sicher, ich habe als Br. v. Oosbree einen **neuen** Namen empfangen, [...] dieser neue Name nun heißt ‚**Apostel**', und **mit diesem Namen** bin ich ein Bruder unter den Brüdern, mein neuer Name ist also *Apostel* v. Oosbree, und nicht Vater."[123]

Van Oosbree hatte klare Gedanken darüber, was innerhalb der HAZEA so bleiben und was sich ändern sollte. Es wurde eine Reihe von Neuerungen eingeführt. Das Buch *Van Licht tot Licht* listet die wichtigsten Erneuerungen auf: Heiliges Abendmahl, Glaubensopfer, Bezahlung des apostolischen Wochenblatts, Taufe und Versiegelung, Konfirmation.[124] Das waren also keine ‚kleinen' oder unbedeutenden Themen. Oftmals wurde von traditionellen Ansichten ein wenig oder etwas mehr abgerückt. Aber „[...] wo das Suchen nach mehr Sinn und

---

[120] Vgl. ebd. S. 87. Laut M. Heijder, *De erfgenamen*, S. 35, wurde Van Oosbree 1881 Diakon-Evangelist.

[121] *Van Licht tot Licht*, S. 90.

[122] *1910-1935. 23 Juni, een jubileumdag voor het Werk Gods in Nederland*, o.O. 1935, S 8.

[123] *Mededeelingen*, in: Hersteld Apostolisch Weekblad, 16. Jg. Nr. 28, 10.7.1910, S. 148. Hervorhebung im Original.

[124] Vgl. *Van Licht tot Licht*, S. 145-232.

Inhalt ein Antasten traditioneller Bräuche bedeutete, musste der Apostel sehr vorsichtig vorgehen", denn den Änderungen „begegnete [...] regelmäßig Widerstand durch die mehr beharrenden Naturen, die nicht so einfach auf die traditionellen Bräuche verzichten konnten."[125]

Eine Neuerung beim Heiligen Abendmahl war der hierfür verwendete Name. Schon bald nach Van Oosbrees Antritt wurde dafür die Bezeichnung Gemeenschappelijke Verzoeningsdis (Gemeinsames Versöhnungsmahl[126]) verwendet. „Nicht, dass er [Van Oosbree] gegen die Benennung *Heiliges Abendmahl* war [...], doch sein Geist richtete sich gegen nutzlose Form und Trott."[127] Begründet wurde die Namensänderung mit Mt 6,15: „Wenn ihr aber den Menschen nicht vergebt, so wird euch euer Vater eure Verfehlungen auch nicht vergeben." Auch das bisher übliche Vorgehen bei der Feier (man bekam eine Hostie in die Hand gelegt, nahm sie in den Mund und nahm einen Schluck Wein aus dem gereichten Kelch) wurde aus hygienischen Gründen verändert: Die Hostie wurde vom Amtsträger mit einer elfenbeinernen Pinzette in den Wein eingetaucht und auf den Handrücken gelegt, von dem man sie dann mit dem Mund aufheben konnte. Dazu wurden die Worte gesprochen: „Nehmt und esst, nehmt und trinkt das Leben Jesu!"[128] Die Teilnahme an der Gemeenschappelijke Verzoeningsdis war jetzt „ein persönliches Angebot in einer erneuerten Gesinnung - der Gesinnung Christi - [...]. Als solche gab es also keine Verbindung mehr zum ursprünglichen

---

[125] *De zegen van de twijfel*, S. 93-95. Es würde eine gesonderte Arbeit benötigen, zu untersuchen, welche Einflüsse zu Van Oosbrees fortschrittlichen Gedanken geführt haben. Diese sind meines Erachtens nicht nur auf Stammapostel Niehaus zurückzuführen. Ein wichtiger Ansatz zu diesem Thema hat B.L.B. (B.L. Brand) in seinem Artikel *Het leven brak door vorm en leer*, in: Ons Maandblad, 102. Jg. Nr. 3, März 1996, S. 4-9, gegeben. Die Entwicklungen in Van Oosbrees persönlichem religiösen Erleben sind für die Entwicklungen in der HAZEA zweifellos von entscheidender Bedeutung gewesen.

[126] Das altmodische niederländische Wort „dis" kann sowohl Mahl/Mahlzeit als auch Tafel/Tisch bedeuten.

[127] *Van Licht tot Licht*, S. 158. Hervorhebung im Original.

[128] Vgl. den Brief vom 30.1.1917 von Van Oosbree, in *Van Licht tot Licht*, S. 155-158.

Gedanken des Heiligen Abendmahls."[129] Die Änderung lässt sich deutlich aus einem Lied in dem damaligen Chorliederbuch lesen:

„O! stellen wij elkaar toch vrij,
Opdat in onze harten vreugde zij!
Nog kunnen wij elkaar vergeven,
Wie weet of morgen wij nog leven.
‚Verblijdt, maakt vrij!'
Zoo raadt d'Apostel u en mij.
Dat zijn verlangen dan in 't hart geschreven zij.
Bij u, bij mij!"[130]

Die Macht zur Vergebung lag also jetzt bei den Mitgliedern selbst, wobei die Gesinnung Jesu nur noch als Musterbeispiel fungierte.

Nicht alle Amtsträger konnten diese fundamentale Änderung mittragen. Einer von denen war der Evangelist Hendrikus Jakobus Smit aus Enkhuizen.[131] Er wurde von Kofman zum Unterdiakon und Priester

---

[129] *De zegen van de twijfel*, S. 94.

[130] Centrale Administratie der H.A.Z.G. (Hg.), *Zangkoor-liederen der Hersteld Apostolische Zending-gemeente in de Eenheid der Apostelen in Nederland en Koloniën. Band I*, [Amsterdam] o.J. Lied 9, Strophe 2. Die Übersetzung: „Oh, machen wir einander doch frei, auf dass in unseren Herzen Freude sei. Noch können wir einander vergeben, Wer weiß, ob morgen wir noch leben. ‚Erfreut, macht frei!' So rät der Apostel euch und mir. Dass sein Verlangen dann in unseren Herzen geschrieben sei. Bei euch, bei mir!"

[131] Sein Vater war E. Smit, Friseur in Enkhuizen. Dieser gehörte, genau wie J. Kofman und T. Korff, zur ersten Gruppe, die 1869 in Enkhuizen versiegelt wurde. „Es ist bekannt, dass Apostel Schwarz während seines Besuchs in Enkhuizen bei Smit wohnte." 1869 wurde E. Smit zum Propheten gerufen. Er war als Prophet bei beiden Rufungsgottesdiensten, am 17.1.1897 und am 12.6.1898, anwesend. Es scheint, dass er in den Jahren 1895-1897 in seinen Predigten ein Verfechter der alten Schwarzschen Lehre war. Van der Beek schreibt, dass „sowohl der Hirte Korff als auch der Prophet Smit sich in ihren wöchentlichen Ansprachen für das alte Zeugnis stark machten." Auch in seinen Prophetien wurde das Neue Licht verurteilt: „Auch durch den Mund des Propheten Smit kamen viele Warnungen gegen die neue Lehre. Dennoch hat dieser sich verführen lassen und er ist dem Herrn Kofman gefolgt, obwohl dieser nie seine volle Mithilfe bekommen hat." Alle Angaben nach H. van der Beek, *Een halve eeuw van strijd*, S. 17-18.

ordiniert. Er heiratete 1911 eine Tochter von Van Oosbree. Zwei Jahre später wurde er Evangelist in Enkhuizen. Das geänderte Abendmahlsverständnis führte 1925 zu einem Zwist zwischen Smit und seinem Schwiegervater, dies war der Grund, dass ihm der Zutritt zu den HAZEA-Zusammenkünften ab 1926 untersagt wurde. Es führte zur Gründung der Hersteld Evangelisch Apostolische Gemeente (kurz HEAG).[132]

1925 gab es zudem Kritik an den finanziellen Verhältnissen des Privatmanns Van Oosbree. Es wurde eine Broschüre *Herfstaanbieding aan de Hersteld-Apostolische gemeenteleden in de Eenheid der Apostelen, onder leiding van J.H. van Oosbree, Amsterdam en belanghebbenden* (*Herbstgabe an die Wiederhergestellte Apostolische Gemeindeglieder in der Einheit der Apostel, unter Leitung von J.H. van Oosbree, Amsterdam und Beteiligten*) unter der Verfasserangabe „E.D.D.O.G.Z." veröffentlicht. Darin wurde ein Brief (1912) von Van Oosbree über das Glaubensopfer[133], den Zehnten, abgedruckt, ebenso die Satzung der HAZEA von 1910. Weiter wurde beschrieben, dass Van Oosbree aus einfachen Verhältnissen kommt, jetzt aber gilt: „Keiner steht über ihm, außer Hauptapostel H. Niehaus [...]. Da dieser altersbedingt wenig Aufsicht ausübt, hat der Apostel die freie Hand [...]. Es liegt doch auf der Hand, dass jemand, der [...] in seinem Lebensmittelladen durchschnittlich f. 40,- pro Woche verdient, jetzt nicht, ohne sehr spezielle Umstände, imstande sein kann, 3 Autos zu besitzen, wovon das eine f. 24.000,- und ein anderes f. 16.000,- kostet."[134] Nachdem Teile dieser Broschüre in einem Reformierten Monatsblatt „De Luchter" zitiert wurden, und am 20. Oktober 1925 hierüber in der Tageszeitung „Het Vaderland" geschrieben wurde, gab es von Seiten den Bezirksvorsteher[135] am 24. Oktober in „Het

132 Vgl. M.J. Tang, *De Hersteld Evangelische Apostolische Gemeente*, S. 220. Für die weiteren Entwicklungen vgl. das Kapitel „Hersteld Evangelisch Apostolische Gemeente 1926-1956".

133 Den Brief kann man auch lesen in *Van Licht tot Licht*, S. 168-174.

134 E.D.D.O.G.Z., *Herfstaanbieding aan de Hersteld-Apostolische gemeenteleden in de Eenheid der Apostelen, onder leiding van J.H. van Oosbree, Amsterdam en belanghebbenden*, o.O. o.J., S. 13f.

135 Unterzeichnet Amsterdam, 23.10.1925: E. Horsman, Haarlem; E.G.W. Bloemers, Amsterdam; L. Westendorff Sr., Nijmegen; K. de Boer, Den Helder;

Vaderland“ eine Reaktion. Sie enthielt vornehmlich eine Bestätigung dass Van Oosbree ihr volles Vertrauen hätte und noch immer habe, sowie auch das Vertrauen aller Mitglieder. Die Stellungnahme besagt weiter dass die einköpfige Führung Van Oosbrees von allen Mitgliedern erwünscht sei, und die Buchführung betreffends aller Opfergelder sorgfältig kontrolliert würde, auch und besonders von dem Apostelkollegium und dem Stammapostel. Von Van Oosbree selbst habe ich keine Reaktion auffinden können.

Der Vorsteher von Scheveningen, Hirte Arie Grootveld, wurde nach dem Hinauswurf von H.J. Smit der neue Vorsteher von Enkhuizen. „Nach 1½ Jahren unermüdlicher Arbeit kam der Apostel, und der Saal [der Enkhuizer Kirche] war so vollbesetzt, dass die Leute auf der Balustrade der Empore saßen.“[136] Dennoch war Van Oosbree unzufrieden mit Grootveld, dessen Brief vom August 1930 eine lange „Verteidigung [ist] gegen was er erfuhr als Lästerung, Intrige, Machtmissbrauch und Willkür seitens Van Oosbree.“[137] Am 11.7.1930 wurde Grootveld seines Amtes enthoben. Sein leiblicher Bruder J. Grootveld, Vorsteher der Gemeinden Amsterdam-1 und Amsterdam-3, gab wegen dieser Vorfälle sein Amt zurück. In dem *Bijvoegsel van het Hersteld Apostolisch Weekblad* vom 5.10.1930 ist ein Brief von Van Oosbree abgedruckt, datiert 30.9.1930. Er verteidigt sich wie folgt: „Besonders im Nachhinein erweist sich, dass die ‚Gabe Gottes‘ in dem Gesandten von Christus, dem Apostel, denen [die Brüder Grootveld] immer eine Nebensache gewesen ist und sie mehr auf kirchlichem Boden verkehrt haben, da sie zwar die Gottheit und Jesus Christus nach den Schriften predigen, ohne jedoch die Apostel, die Gesandtschaft Gottes seiend, die einzige wahre Tür zu den Schatzkammern Gottes und V e r t e i l e r der mannigfaltigen Heilstaten, zu erkennen.“ Van Oosbree rät dem Leser, keine Kontakte zu diesen beiden Brüdern zu unterhalten, weil „ein gewisser Tod (nach

---

J.M. Brakke, Rotterdam; J. v.d. Vliet, Den Haag; F. Langkamp, Enschede; J. v.d. Laarse, Groningen.

[136] A. Grootveld, *Aan alle Brs. en Zrs. der Hersteld Apostolische Gemeente in Nederland en Koloniën*, [Scheveningen] 1930, s. Pag.

[137] M.J. Tang, *Het apostolische Werk in Nederland*, S. 63.

dem Geist) davon die Folge sein wird.“[138] Um A. Grootveld bildete sich eine neue Gruppe, die sich Nieuw Hersteld Apostolische Zendingsgemeente (Neu Wiederhergestellte Apostolische Sendungsgemeinde) nannte, die „bis nach dem Zweiten Weltkrieg [...] einige sehr kleine Gemeinden“[139] hatte. Als Beleg für die Existenz dieser Gruppe kann eine Kleinanzeige vom 15.11.1954 in der Tageszeitung „De Telegraaf“ gelten, in der zu einem Vortrag dieser Gruppe an der Ruysdaelstraat 69 in Amsterdam eingeladen wird. „Sprecher: Br. Groot“. 1947 gab sie noch ein eigenes Gesangbuch heraus, 1958 eine zweite Auflage. 1993 gab es nur noch in Scheveningen eine Gemeinde mit 8 Mitgliedern.[140] Jetzt dürfte sie erloschen sein.

J.H van Oosbree, H. Niehaus

Auch wenn es also hier und dort kritische Bemerkungen gab, waren die Jahrzehnte nach 1910 in der HAZEA durch stabiles Wachstum gekennzeichnet. Das Verhältnis zwischen Van Oosbree und Niehaus war gut bis ausgezeichnet. Die deutschen Apostel mussten zuvor um Zustimmung bitten, wenn sie Niehaus besuchen wollten. Van Oosbree dagegen war bei Niehaus immer willkommen, auch ohne vorherige Verabredung.[141] Auch die Ferien,

---

[138] J.H. van Oosbree, *Aan alle Apostolische Geloofskinderen in Nederland en Koloniën*, in: Bijvoegsel van het Hersteld Apostolisch Weekblad, 5.10.1930. Keine Seitenangaben. Hervorhebung im Original.

[139] M.J. Tang, *Het apostolische Werk in Nederland*, S. 63.

[140] Mitteilung von P.Tj. van Hes.

[141] Vgl. auch *Sonderbericht über die Trauerfeier und Beerdigung des heimgegangenen Stammapostels Hermann Niehaus am Freitag, 26. Aug. 1932, zu Quelle bei Bielefeld (Westfalen)*, S. 7, wo Stammapostel Bischoff am Grab sagt: „Nun ist hier

die Niehaus gerne an der niederländischen Nordseeküste verbrachte, förderten den guten Kontakt zu Van Oosbree. Niehaus war Exponent des Neuen Lichtes, „pur sang". Bei seinem Amtsantritt versprach er die Arbeit von Krebs vorbehaltlos weiterzuführen: „[...] ich weiß, was da kommen wird, wie es nach dem Tode des Apostels Menkhoff sowie des Apostels Schwarz war, wo sich Rottengemeinschaften bildeten, welche suchten, die Schafe an sich zu ziehen. [...] soviel sage ich heute, daß sie an meiner Dickfaust und eisernen Stirne zerschellen werden. [...] Die dem Apostel Krebs widerstrebt haben, sollen sich an mir das Genick brechen [...] ich werde sie zerreißen und nicht schonen."[142] Die schon erwähnten Änderungen, die Van Oosbree durchführte, wurden von Niehaus positiv gewertet, obwohl weder er noch die anderen Apostel diese in den deutschen Gemeinden übernehmen wollten. Bei Van Oosbree gab es laut Boer „die erwünschte Fortschrittlichkeit, die die anderen Apostel so oft zu Aussagen [brachte] wie: ‚Der Mann [Van Oosbree] hat immer etwas Neues!'"[143] Niehaus bewunderte, was der unorthodoxe Van Oosbree in den Niederlanden schaffte und sah ihn „immer mehr als seinen meistversprechenden geistlichen Sohn"[144]. Obwohl Niehaus 1920 den Apostel J.G. Bischoff als Stammapostelhelfer ordiniert hatte, scheint er sich später bei Van Oosbree mehrmals erkundigt zu haben, ob dieser Niehaus' Nachfolger im Stammapostelamt werden wollte. „Mehrmals bat er [Niehaus] Apostel van Oosbree um Zustimmung, aber dessen Antwort blieb: ‚Das geht nicht, Vater, Sie müssen für mich einen Deutschen

---

Apostel van Oosbree, der viele Jahre im Hause des Entschlafenen ein- und ausgegangen ist."

[142] *Zijn Laatste Woord of de laatste dagen der werkzaamheid van den Zeer geliefden Vader en Apostel Krebs in Bielefeld, Wolfenbuttel en Brunswijk, gevolgd door „Vierde Handelingen", Bezoek der Apostelen in Holland van 21 tot en met 25 October 1904*, Enkhuizen [1905], S. 16.

[143] *De zegen van de twijfel*, S. 77. Leider gibt Boer hier keine weiteren Einzelheiten oder Quellennachweise. Auf S. 99 wird der Satz „Der Mann hat immer etwas Neues!" nochmals verwendet.

[144] Ebd., S. 96. Man muss beachten dass die Beschreibung van Boer (Mitglied der später entstandenen Het Apostolisch Genootschap) wegen seiner großen Hochachtung für Van Oosbree tendenziös sein könnte.

nehmen.“‘[145] Daraufhin wurde Bischoff 1924 als offizieller Nachfolger bestimmt.

1930 erlitt Niehaus einen Unfall. Van Oosbree schrieb hierzu am 30.1.1930: „Samstagabend [am 25.1.1930] war der Stammapostel, im munteren Geist und trotz seines fast 82-jährigen Alters noch immer körperlich gesund, mit vierzehn Aposteln in Bielefeld einmütig bis abends 8 Uhr zusammen. In meinem Fahrzeug brachten wir ihn zu seinem Haus in Quelle [...]. Wir nahmen Abschied bis zum nächsten Morgen. Aber was passierte? Nachdem er, bevor er sich zur Ruhe begab, erst noch badete, ging er wie üblich nach unten, um alle Türen und Fenster zu schließen, und bei dem Betreten des Bürgersteigs vor seinem Haus, erlitt er einen Schwindelanfall[146], der ihn rückwärts fallen ließ mit seinem Hinterkopf gegen einen steinernen Pfahl, so, dass er mit einer klaffenden Wunde an seinem Hinterkopf und großem Blutverlust ohnmächtig liegen blieb.“[147] Am 27. Juli, anläßlich des 82. Geburtstages von Niehaus, lesen wir im *Hersteld Apostolisch Weekblad*: „Am Vorabend des Tages, an dem seiner 25-jährigen Arbeit als Stammapostel festlich gedacht werden sollte, stürzte er schwer - vermutlich verursacht durch einen Schwindelanfall -, dies machte einen unerwarteten Strich durch alle bereits gemachten Pläne.“[148] Am 26. Oktober 1930 wird das Ereignis vom reformiert-apostolischen Apostel Ostermann in einer Predigt erwähnt: „Ein Mann, der uns früher sehr nahe stand, wollte die 25-jährige Wiederkehr eines bedeutungsvollen Tages feiern; aber es

[145] Ebd., S. 99.

[146] Im niederländischen Text steht: „[...] ging hij als naar gewoonte, naar beneden om alle deuren en vensters te sluiten en bij het betreden van de stoep zijner woning, overviel hem een duizeling.“ Aus diesem Bericht geht nicht eindeutig hervor, wie der Unfall passierte. Hatte Niehaus schon die Türen und Fenster geschlossen, wollte er also wieder hineingehen? Oder ist der Unfall beim Hinausgehen passiert, bevor er Türen und Fenster schließen konnte? Vgl. auch S. Scheibler, *Hermann Niehaus*, Frankfurt/Main 1992, S. 123. Die Beschreibung dort stimmt ziemlich genau mit der Van Oosbrees überein.

[147] J.H. van Oosbree, *Aan de broeders Voorgangers en alle geëigenden*, in: Bijvoegsel van het Apostolisch Zondagsblad, 2.2.1930. s. Pag.

[148] *28 Juli 1930*, in: Hersteld Apostolisch Weekblad, 36. Jg. Nr. 30, 27.7.1930, S. 234.

kam nicht dazu. So groß auch das Fest geplant war, Gott bekannte sich nicht dazu. Am Vorabend stürzte der Jubilar in seinem Hause die Treppe hinunter und blieb einige Tage bewusstlos."[149] Die hier und dort in der deutschen Literatur beschriebene Geschichte, dass Niehaus bei einem Bühnenstück, wo er den wiederkommenden Christus spielte, von einer Treppe gefallen sei, erweist sich als wenig glaubhaft. Am 21.9.1930 wurde ein Gottesdienst in Berlin abgehalten, wo Stammapostel Bischoff die Hauptleitung der Neuapostolischen Kirche übernahm. Niehaus starb am 23.8.1932.

1930 hatte die HAZEA 22.600 Mitglieder und 100 Gemeinden, 1933 bereits mehr als 25.000 Mitglieder und 106 Gemeinden.[150] Van Oosbree wurde automatisch Brennpunkt dieses großen Erfolgs. Das Band zwischen den Mitgliedern und Van Oosbree wurde immer fester, was sich auch in der neuen Ausgabe des Gemeindegesangbuches[151] manifestiert: „Von den 200 darin aufgenommenen Liedern besingen 106 expressis verbis den Apostel. [...] Am Geburtstag des Apostels Van Oosbree (1. April) gingen alle Mitglieder der HAZEA morgens um 6 Uhr in die Kirche. Jeder hatte eine Blume angesteckt, und wenn man sich begegnete, gratulierte man sich gegenseitig."[152] International aber war Van Oosbrees Einfluss nach dem Antritt des neuen Stammapostels Bischoff deutlich geringer geworden. Besonders in den 1930er Jahren entfernte der lehrmäßige Kurs der HAZEA sich immer weiter von dem der internationalen Neuapostolischen Kirche. Van Oosbree führte die

---

[149] Reformiert-apostolische Gemeinde (Hg.), *Festschrift. Am 22. Oktober 1930 waren es 25 Jahre, seit der damalige Bischof C.A. Brückner, Dresden, in das Apostelamt berufen wurde*, Dresden 1930, S. 30. Die Reformiert-apostolische Gemeinde war 1921 aus der Neuapostolischen Kirche hervorgegangen, deshalb die Redewendung „Ein Mann, der uns früher sehr nahe stand" im Zitat. Für ihre Entstehungs- und Entwicklungsgeschichte vgl. H. Obst, *Apostel und Propheten der Neuzeit. Gründer christlicher Religionsgemeinschaften des 19. Und 20. Jahrhunderts*, Göttingen ^{4}2000, S. 186-208.

[150] *Van Licht tot Licht*, S. 95, Fußnote.

[151] Centrale Administratie der H.A.Z.G. (Hg.), *Gezangboek der Hersteld Apostolische Zending-gemeente in de Eenheid der Aposteln in Nederland en Koloniën*, Amsterdam 1933.

[152] M.J. Tang, *Het apostolische Werk in Nederland*, S. 64.

Gedanken des Neuen Lichts konsequent und radikal weiter. Bischoff dagegen versuchte, den radikalen Kurs seines Amtsvorgängers wieder in orthodoxe Bahnen zurückzuführen.

Einige niederländische Bezirksälteste hatten aus Sorge um die Entwicklungen unter Van Oosbree Kontakt zu deutschen Aposteln aufgenommen.[153] Mittlerweile hatte Van Oosbree am 4.3.1933 einen Bischof ordiniert. Laut Gottesdienstbericht sagte er: „Nun habe Ich schon mehrmals mit dem Stammapostel gesprochen und Ihm gesagt, dass Ich doch für Mich selbst so gerne einen Gehilfen haben möchte. Nun, dann suchen Sie sich einen Gehilfen, lautete die Antwort. Nun wissen wir, dass damals der Stammapostel Niehaus Aposteln Gehilfen zur Seite gab. Als Ich den Stammapostel Bischoff daran erinnerte, sagte Er: Ja, das wissen wir, aber heutzutage geht es anders. Wir deutsche Apostel wählen selbst unsere Gehilfen. [...] Nein, Apostel van Oosbree, Sie wählen Sich selbst einen Gehilfen. [...] (Der Apostel geht nun vom Altar und fragt die im aktiven Dienst stehenden Ältesten, wen der Brüder Er Sich zum Bischof nehmen soll. Und die einmütige Antwort lautet: Apostel, nehmen Sie dafür den Ältesten Jochems!). Der Apostel, zum Ältesten Jochems gewandt: Sie haben es gehört, Ältester Jochems, dass Sie durch Ihre Mit-Brüder zu Meinem direkten Gehilfen angewiesen werden. Kommen Sie jetzt mal her.“ Und etwas weiter, wenn der Bezirksälteste Wildschut das Schlussgebet spricht, schreibt der Autor des Berichtes: „Und dem Sinn seiner Worte konnten alle von ganzem Herzen zustimmen. Seine [Wildschuts] Aussage, dass wir alle im Benehmen des Bruders Jochems immer das Wesen des Apostels widergespiegelt gesehen hatten, und dass diese Beauftragung bei keinem von uns auch nur etwas Mühe verursachte, war aus unser aller Herzen gesprochen.“[154]

---

[153] *De zegen van de twijfel*, S. 102. Er nennt dabei die Namen der Bezirksältesten Paasman, Smit und Wildschut.

[154] *Verslag der besprekingen, gehouden door onzen Apostel, op de broedervergadering te Amsterdam op zaterdag 4 maart 1933, 's nam. 2 uur*, o.O. [1933], S. 16. Die sonderbare Verwendung von Großbuchstaben („Nun habe Ich schon mehrmals mit dem Stammapostel gesprochen und Ihn gefragt, dass Ich doch für Mich selbst usw.“) im ersten Zitat gibt es auch im Original.

Eine Tochter von Bischof Jochems war verheiratet und in Stuttgart wohnhaft. Bei Besuchen dort sprach Jochems mit Aposteln, die Kontakte zu niederländischen unzufriedenen Aposteln hatten. Das „Widerspiegeln des Wesens des Apostels“ scheint dann bei Jochems zu verschwinden. Obwohl er ein „freundlicher, schüchterner, bescheidener und anhänglicher Mann“ und „Sehr geliebt von vielen Brüdern und Schwestern“ war sowie „anfangs sicherlich mit edlen Absichten“[155], hat er sich dann innerlich den Kritikern angeschlossen. Damit wurde er zum Brennpunkt beider sich (noch immer im Verborgenen) streitenden Parteien. Ein weiterer Schritt wurde am Dienstag, dem 3.1.1939, vollzogen, als Van Oosbree bei Stammapostel Bischoff in Frankfurt/Main war, wo Van Oosbree unter anderem mitgeteilt wurde, dass Jochems als neuer Apostel ordiniert werden sollte.[156] Auch wurden Van Oosbrees finanzielle Vollmachten deutlich eingeschränkt. Dies alles wurde protokolliert und von den Gesprächspartnern unterzeichnet. Anderthalb Wochen später hielt Bischoff einen Gottesdienst in Amsterdam, in dem er laut Gottesdienstbericht sagte: „Jetzt gibt es hier auch die Notwendigkeit, eurem lieben Apostel einen Gehilfen zu geben, damit die Arbeit, die geleistet werden muss, unbehelligt fortgeführt werden kann.“[157] Die warnenden Worte des mitdienenden Apostels Kuhlen schienen auf die entstandenen Parteien gezielt: „Und nun hat dann der Stammapostel euch erzählt, welche Umstände dazu führten, dass euerem Apostel ein Gehilfe gegeben wird. **Er hat danach auch selbst gefragt**. [...] Nun wird es in Zukunft so

---

155 *De zegen van de twijfel*, S. 102.

156 B.L.B. [B.L. Brand], *Het leven brak door vorm en leer*, in: Ons Maandblad, 102. Jg. Nr. 3, März 1996, S. 7: „Laut dem offiziellen Text [des Protokolls] hatte Apostel van Oosbree selber um einen Hilfs-Apostel gebeten, aber in Wirklichkeit wurde ihm dies, wie auch die anderen Bestimmungen der Vereinbarung, aufgedrängt.“

157 *Stenografisch Verslag van den op 15 januari '39 door den Stamapostel gehouden dienst in het lokaal Pl. Franschelaan te Amsterdam in tegenwoordigheid van alle in Europa wonende (15) Apostelen*, in: Hersteld Apostolisch Weekblad, 45. Jg. Nr. 3, 29.1.1939, S. 20. Die Behauptung in *De zegen van de twijfel*, S. 104, dass „der zunehmende Rückgang des Sehvermögens des Apostels als Vorwand genommen wurde, damit Jochems als Hilfs-Apostel ordiniert werden kann“, lässt sich nicht in dem Gottesdienstbericht finden.

sein, dass in den Niederlanden zwei Apostel wirksam sind. Der Gedanke könnte kommen: ich halte mich an den einen Apostel oder ich halte mich an den anderen. Nein, liebe Brüder und Schwestern, so geht das nicht. [...] Wer gegen den einen Apostel ist, der ist auch gegen den anderen und wer gegen den Stammapostel ist, ist damit auch gegen die anderen Apostel. [...] Wenn ich vielleicht sagen würde: Ich brauche nicht das zu tun, was der Stammapostel und die anderen Apostel sagen, ich weiß schon selber, was ich tun muss, dann könnte ich noch so viele gute Gedanken, Talente und Fähigkeiten haben und ich weiß nicht alles was, aber es dauert nicht lange, bis ich doch schwach werde, weil ich mich von dem Ganzen getrennt habe."[158] Vor der Ordination wird Jochems dann nachdrücklich angesprochen, dass er als Gehilfe für Van Oosbree ordiniert wird. Nach der Ordination spricht dann Van Oosbree. Man kann seine Worte, mit Blick auf die am 3.1.1939 in Frankfurt/Main vorgefallenen Ereignisse, kaum anders als besonders merkwürdig werten: „Meine lieben Brüder und Geschwister! Endlich ist mein lang gehegter Seelenwunsch erfüllt worden. [...] Dann kam immer in meinen Geist: nun, so bald ich kann, werde ich den Stammapostel fragen, ob ich einen Gehilfen bekomme, der zugleich bestimmt ist, wenn etwas passiert [wenn Van Oosbree plötzlich sterben würde]. [...] ich bin am 3. Januar dann zum Stammapostel gegangen. [...] Da habe ich separat in einem anderen Zimmer mit dem Stammapostel gesprochen und ihm meinen Wunsch und mein Verlangen vorgetragen und mitgeteilt, was ich so gerne möchte. [...] Und da jetzt mein Wunsch erfüllt ist, da lobe und preise ich Gott unseren Vater [...]. So, meine Lieben, glaube und erwarte ich, dass wir jetzt in einer stets näheren und engeren Gemeinschaft, verbunden mit dem Geiste Christus Jesus, der in unserem Stammapostel und in allen anderen Aposteln den einen [ndl. mit Nachdruck: de éène] führenden Geist sein will, gemeinsam weitergehen werden. [...] Abermals bezeuge ich meinen Dank, dass ich jetzt in Apostel Jochems einen sicheren Gehilfen habe. In der Einheit des Geistes sind wir stark, und solange Gott mir das Vermögen gibt, bezeuge ich, werde ich dem Weg folgen, dem ich bis heute gefolgt bin, nämlich in Treue und Liebe zum Stammapostel und allen anderen

---

[158] *Stenografisch Verslag van den op 15 januari '39 door den Stamapostel gehouden dienst*, S. 22-23. Hervorhebung im Original.

Aposteln. Lieber Stammapostel, dies bezeuge ich heute vor Ihnen und allen Aposteln."[159] Wenige Monate später verordnete Bischoff dass die Apostel ohne sein Erlaubnis keine Bischöfe oder Ältesten mehr ordinieren durften.

Am 10.5.1940 überfiel die deutsche Wehrmacht die Niederlande. Dass Bischoff schon seit 1934 dem aufkommenden Nationalsozialismus nicht gerade widerwillig gegenüberstand, war manchen niederländischen Amtsträgern und Mitgliedern nicht unerkannt geblieben.[160] Der Krieg machte es für Van Oosbree schwierig, in Kontakt mit Bischoff zu bleiben. Am 23.4.1940 plante Van Oosbree, in einem Ämtergottesdienst in Arnhem die Bezirksältesten Elberts und Hartman zu Bischöfen zu ordinieren (was ihm, siehe oben, nicht erlaubt war), führte aber dann die Ordination doch nicht durch, weil einige Amtsträger im Kirchensaal protestierten.[161] Das Adressbuch der HAZEA vom 1.9.1942 listet 108 Gemeinden auf, darunter 9 in Amsterdam, 5 in Rotterdam, und je 3 in Enschede, 's-Gravenhage und Utrecht.[162] Es gibt 9 Bezirksälteste,[163] von denen einer, Lambertus Slok aus Schiedam, weitaus der Jüngste ist und erst 1939 ordiniert wurde.

---

[159] Ebd., S. 26ff.

[160] Das Thema „die Neuapostolische Kirche im 3. Reich" wäre meines Erachtens eins der wichtigsten, das so bald wie möglich von einem unabhängigen Sachkundigen untersucht werden sollte. Ansätze hierzu sind gegeben in: C.E. King, *The Nazi state and the new religions. Five Case Studies in Non-Conformity*, Lewiston NY USA 1982, Kapitel 5: Sharing the Nazi Triumph: The New Apostolic Church. Vgl. auch M. König, *Die Neuapostolische Kirche in der N.S.-Zeit*, Feldafing 1993, [2]1994.

[161] In *De zegen van de twijfel*, S. 109, steht zu Unrecht dass Van Oosbree die Bezirksältesten Elberts und Schurink zu Bischöfen ordinieren wollte. Vgl. B.L. Brand, ‚*Bij de splitsing van de wegen*', in: Ons Maandblad, 105. Jg. Nr. 3, März 1999, S. 11[7].

[162] Centrale Adminstratie der H.A.Z.G. (Hg.), *Adresboek der Hersteld Apostolische Zending-gemeente in de Eenheid der Aposteln in Nederland en Koloniën. 1 September 1942*, [Amsterdam] 1942, maschinenschriftliche Abschrift.

[163] Das Evangelisten- und Bezirksevangelistenamt war in der HAZEA unter Van Oosbree ausgestorben. Die Gründe hierfür sind unklar. Auch das Prophetenamt gab es nicht mehr. Das war aber auch in ausländischen neuapostolischen Kirchen der Fall.

Eine geistliche Einheit ist diese Gruppe aber keinesfalls. Auch Jochems predigt „in manchen Bezirken anders als anderswo. [...] Dennoch spricht Jochems öffentlich nie explizit Worte gegen Apostel van Oosbree."[164] Das Verhältnis zwischen den beiden Aposteln ist und bleibt schlecht. Man muss sich fragen, ob die Schuld nur bei Jochems lag. Van Oosbree hätte vielleicht auch mehr tun können, um die Akzeptanz von Jochems bei den Amtsträgern zu verbessern. Wenn Jochems z.B. seinen Geburtstag feierte, wurde dies in Van Oosbrees Weekbrieven („Wochenbriefe", wöchentliche Briefe an die Mitglieder) nie erwähnt.[165] Auch hätten ausgrenzende Sätze, wie sie z.B. im Bericht einer Ämterversammlung 1943 stehen, vermieden werden können: „Bei dem Betreten des Saales durch unseren Apostel, Apostel Jochems und den Ältesten [...]."[166] Unser Apostel (Van Oosbree) und dann Apostel Jochems, der anscheinend weniger oder gar nicht ‚unser' Apostel war?

Am 6.5.1945 war für die Niederlande der Zweite Weltkrieg zu Ende. Am 18. Mai sah Jochems Van Oosbrees Auto vor seinem Haus in Utrecht halten. „Der Priester, der das Auto fuhr[167], bat Jochems nach außen zu kommen. Aus dem Auto heraus teilte Van Oosbree seinem Amtsgenossen mit, dass er fortan in den Gemeinschaftsstunden (Gottesdiensten) als Anleitung nicht mehr die Bibel, sondern die von ihm verfassten Wochenbriefe verwenden lassen wollte. Ferner, dass er *selbständig* weiterarbeiten würde [...]. Die Führung des Stammapostels wünsche er nicht mehr anzuerkennen, künftig sehe er sich selbst als die höchste Autorität im apostolischen Sendungswerk in den Niederlanden. Sollte Apostel Jochems hiermit nicht einverstanden sein, müsse er seinen eigenen Weg gehen."[168] Jochems, überrascht, reagierte erst am

---

[164] *De zegen van de twijfel*, S. 106.

[165] Vgl. M.J. Tang, *Het apostolische Werk in Nederland*, S. 216[137].

[166] Centrale Adminstratie der H.A.Z.G. (Hg.), *Stenografisch Verslag van de Samenkomst met in de Bediening staande Broederen met hun Apostel op den 2en Paasdag 1943 in het lokaal der Gemeente Hilversum II*, S. 1. Man beachte auch den im Titel verwendeten niederländischen Singular: „Samenkomst [...] met hun Apostel" („Zusammenkunft [...] mit ihrem Apostel").

[167] W.D. Veltman, ein Schwiegersohn Van Oosbrees.

[168] M.J. Tang, *Het apostolische Werk in Nederland*, S. 66. Hervorhebung im Original.

nächsten Tag. Er schickte Van Oosbree eine Postkarte: „Nur eine kurze Mitteilung. Als Sie Freitagabend (gestern) mit mir sprachen, war ich einen Moment so verwirrt, dass ich nicht wusste, was ich sagen sollte. Als ich wieder im Haus war, habe ich über das Gesagte nochmals nachgedacht. Ich kam zur folgenden Entscheidung: Ab dem Zeitpunkt, wo Sie dem Stammapostel nicht mehr folgen, folge ich Ihnen zwangsläufig auch nicht mehr (vorläufig). Ich kann nicht weiter Mitglied der Gemeinschaft bleiben, in der das Fundamentale fehlt, nämlich die Einheit der Apostel."[169] Brand beschreibt im Konjunktiv, dass Van Oosbree „Jochems mitteilte, dass er umständehalber gezwungen sein könnte ohne den Stammapostel Maßnahmen für die Zukunft zu treffen".[170] Boer erwähnt den Besuch von Van Oosbree bei Jochems nicht. Dort steht nur, dass Jochems eine Postkarte geschickt hat, „in der er sich verabschiedet, ‚weil das apostolische Werk in Holland sich immer mehr von der Aposteleinheit abkehrt'". Aber, so führt Boer fort, „in Wirklichkeit ist er mürbe, weil die Entschlossenheit des Apostels Van Oosbree - 83 Jahre alt! - sich als ein unüberwindbares Hindernis erweist auf seinem Weg zur Macht."[171] Die Spaltung war da. Schon am 21.5., dem Pfingstmontag, hatte Jochems eine Besprechung mit dem Bezirksältesten A. van Asperen und Hirten W. Kröner. Er fing an, mit Grüppchen gleichgesinnter Mitglieder Gottesdienste abzuhalten und suchte Kontakt zum Stammapostelhelfer H.F. Schlaphoff aus Südafrika. Dieser wiederum informierte den schweizerischen Bezirksapostel E. Güttinger über die Ereignisse in den Niederlanden. Schlaphoff sandte auch Wochenbriefe, die Jochems in den Gottesdiensten verwenden sollte.[172]

---

169 *Arrest Hof Amsterdam (3e kamer), 26 Juni 1947*, S. 1. Maschinenschriftliche Abschrift.

170 B.L. Brand, *De apostolischen*, S. 76.

171 *De zegen van de twijfel*, S. 107. Ob dieser angebliche Machthunger von Jochems jedoch zu den von Boer auf S. 102 erwähnten Eigenschaften „freundlich, schüchtern, bescheiden und anhänglich" passt, scheint allerdings fragwürdig.

172 Vgl. Brief von Apostel Jochems, *Liebe Brüder Vorsteher*, 4.10.1945. Maschinenschriftliche Abschrift.

Am 24.6.1945 ordinierte Van Oosbree den Bezirksältesten Schurink mit schriflicher Zustimmung des Stammapostels zum Bischof.[173] Im Jahr darauf, am 1.3.1946, schrieb Van Oosbree via Ernst Güttinger an Bischoff, dass der Bezirksälteste Slok „am ehesten in Betracht kommt, als Apostel von Jesus Christus gerufen und ausgesondert zu werden. [...] Immer wieder bleibt der Geist des Herrn auf ihm ruhen und deshalb wird er also das Volk Gottes im Apostelbezirk hier weiter nach Gottes Wohlgefallen führen. [...] Jetzt ist meine Bitte, lieber Stammapostel, seien Sie so gut, auch Ihren Geist damit zu verbinden und mir so bald wie möglich schriftlich Ihre Antwort und Zustimmung mit diesem Vorhaben zukommen zu lassen, damit Ihr Brief meiner diesbezüglichen notariellen Akte hinzugefügt werden kann."[174] Am 18.3.1946 antwortete Güttinger dann Van Oosbree, dass dieser gar keinen Nachfolger zu ordinieren brauche, weil dazu 1939 schon Jochems ausgesondert wurde. Güttinger wusste, dass Jochems sich fast ein Jahr vorher von Van Oosbree getrennt hatte, da Schlaphoff ihm das schon August oder September 1945 geschrieben hatte. Er hätte deshalb vermuten können, dass dieser Nachfolger für kaum jemanden der Amsträger und Mitglieder in den Niederlanden akzeptabel sein würde.

Van Oosbree starb am Freitag, dem 22.3.1946. Der Brief von Güttinger kam erst nach seinem Ableben an. Am Montag, dem 25.3.1946, wurde Van Oosbree auf dem Friedhof in Bussum bestattet. Anschließend wurde in der Kirche zu Bussum durch Bischof Schurink noch eine Ämterversammlung abgehalten. Schurink wusste, welcher Name in Van Oosbrees Testament für dessen Nachfolge vorgesehen war (der des

---

173 In einem Brief vom 24.8.1942 hatte Bischoff an Van Oosbree geschrieben dass er keine Bedenken hätte wenn der Bezirksälteste Schurink als Bischof ordiniert würde, vgl. B.L. Brand, *‚Bij de splitsing van de wegen'*, in: Ons Maandblad, 105. Jg. Nr. 3, März 1999, S. 10. Der letzte schriftliche Kontakt zwischen Van Oosbree und Bischoff war ein Brief von Bischoff, datiert 24.7.1944, vgl. B.L.B. [B.L. Brand], *Het leven brak door vorm en leer*, in: Ons Maandblad, 102. Jg. Nr. 3, März 1996, S. 7.

174 *Stenografisch verslag van de Bijeenkomst der dienende Broederen in Hilversum, op den 22sten April 1946, 's nam. 2 uur*, S. 16. Schon am 4.3.1946, drei Tage nachdem er den Brief versandt hatte, besuchte Van Oosbree in Amsterdam einen Notar und verfasste sein Testament, in dem er seinen Nachfolger bestimmte.

jüngsten Bezirksältesten, Slok), und es scheint deshalb kaum zufällig, dass er in diesem Gottesdienst das Beispiel aus 1 Sam. 16 anführt, wo Samuel Isai besucht und ihm seine Söhne zeigen lässt. Der jüngste Sohn, David, wird als neuer König gesalbt. Auch erwähnt Schurink, dass „jeder Bezirksapostel selber am besten beurteilen kann, wer seine Stelle einnehmen könne. Eine solche Wahl Gottes wird in der Seele des Apostels bewirkt und er achtet dabei auf die entsprechenden Zeichen. [...] Haben wir denn mit anderen [Aposteln] nichts zu tun? Nun, ich liebe alle Apostel, aber es gibt nicht einen, dem ich auch nur etwas zu verdanken habe, selbst nicht dem Stammapostel. Was habe ich denen direkt zu verdanken? Nichts! Sie haben nie etwas für mich getan. Unserem Apostel, dem haben wir alles zu verdanken."[175] Auch teilt er den Brüdern mit, dass es ein geistliches Testament gibt, er aber erst die Antwort von Bischoff auf Van Oosbrees Brief vom 1.3.1946 abwarten möchte. Und weiter sagt er: „Heute frage ich mich: Wenn wir die Gabe Gottes in unserem Apostel ehren, was ist denn daran so Böses? Wenn ich dann sehe, dass die Katholiken im Monat Mai die Kirchen mit Blumen für Mutter Maria schmücken, dann frage ich mich, *was soll ich denn wohl nicht für meinen Apostel machen?* Wäre es schlimm, wenn ich vor ihm niederknie und sage: ‚*Mein Herr und Gott!*' "[176]

In den darauf folgenden Wochen schreibt Schurink die Wochenbriefe, die im *Hersteld Apostolisch Weekblad* veröffentlicht werden. Immer wieder bestätigt er die Treue zum entschlafenen Apostel: „Für die Glaubenskinder liegt es also auf der Hand, dass - wenn sie zu seinen Lebzeiten sein Wort als ein Wort Gottes haben akzeptieren können [...] - sie auch sein letztes Wort [...] akzeptieren können. [...] Wir sehnen uns nach dem Moment, wo uns alle durch Öffnung des Testaments bekannt wird, wen wir aus der Hand Gottes in unserem Apostel als seinen Nachfolger empfangen haben, welches in der Brüderzusammenkunft am Ostermontag stattfinden wird. Unser Apostel hat den Stammapostel rechtzeitig über alles benachrichtigt, worauf bis jetzt keine Antwort gekommen ist. [...] Ich rate mir selbst

[175] *Stenografisch verslag van de broedervergadering met de in de bediening staande broederen in ons gebouw te Bussum op Maandag 25 Maart 1946 na afloop van de begrafenis der stoffelijke omhulling van onzen Apostel*, S. 6-7.

[176] Ebd., S. 11. Hervorhebung im Original.

und Euch allen: versündigt euch in euren Gedanken nicht hinsichtlich dessen, der zu kommen steht"[177].

Am 22.4.1946, einem Ostermontag, fand in der 1937 neuerbauten Kirche in Hilversum im Johan Geradtsweg die von Bischof Schrink durchgeführte Ämterversammlung statt. Nicht alle Bezirksämter waren anwesend. Die Bezirksältesten Paasman, Kamphuis und Elberts fehlten.[178] Es wurde der Brief Van Oosbrees vom 1.3. und die Antworten Güttingers vom 18.3. und 15.4. verlesen, in denen dieser abermals Jochems als gültigen und schon seit 1939 designierten Nachfolger Van Oosbrees beschreibt. Schurink stellte fest: „Es gibt Älteste, die notfalls noch ein halbes oder ein Jahr [mit dem Öffnen des Testaments] warten möchten und unmittelbar vom Stammapostel Genaues wissen möchten. Ich habe aber im Brief von Apostel Güttinger ausreichende Hinweise bekommen. Es gibt keinen anderen Nachfolger! Die Person Jochems ist laut diesem Brief der rechtmäßige Mann!"[179]. Er verlas dann das geistliche Testament Van Oosbrees (etwa 1944 von ihm geschrieben) und anschließend das Testament, das Van Oosbree am 4.3.1946 verfasst hatte. Als Schurink dann den Namen des neuen Apostels, des 41-jährigen Lambertus Slok, nannte, entlud sich die Spannung in lautem zustimmenden Rufen. Die fast 29.000 Mitglieder[180] der HAZEA in den Niederlanden hatten somit einen neuen Apostel.

Anderthalb Wochen später, am Freitag dem 3.5., kamen der Schweizer Bezirksapostel E. Güttinger und sein Sohn Apostel O. Güttinger im Auftrag Stammapostel Bischoffs in die Niederlande. Am selben Abend fand eine Besprechung mit Slok und Schurink statt. Am darauf folgenden Montag gab es eine weitere Besprechung, die ebenfalls zu

---

[177] *Opstanding. Na lijden komt verblijden!*, in: Hersteld Apostolisch Weekblad, 52. Jg. Nr. 15, 14.4.1946, S. 62-63.
[178] Vgl. *De zegen van de twijfel*, S. 133. Auch Jochems und Van Asperen waren abwesend, da sie schon seit fast einem Jahr separat Gottesdienste hielten.
[179] *Stenografisch verslag van de Bijeenkomst op den 22sten April 1946*, S. 23.
[180] Vgl. *De zegen van de twijfel*, S. 123.

keinem Ergebnis führte.[181] Bischoff ernannte am 9.5. Jochems als neuen Bezirksapostel. Am 29.6. folgte eine Apostelversammlung in Frankfurt/Main mit dem Hauptthema „die Niederlande". Am 19.7. hatten die Güttingers abermals eine Besprechung mit Slok und Schurink. E. Güttinger berichtet am 21.7.: „Wir haben sie eingeladen und ich kann euch nur sagen, die Aussprache ergab null und nichts. Mein Sohn stellte ihnen die Frage, wenn sie uns nicht annähmen und es würde der Stammapostel persönlich kommen, würdet ihr ihn dann annehmen? Sie sagten: ‚Nein'. Damit haben sie sich komplett von uns zurückgezogen. Er [entweder Slok oder Schurink] hätte verlangt, der Stammapostel und wir müssten all das akzeptieren, was sie wollten. Von einem Glaubensgehorsam ist hier keine Rede."[182] Damit hatte Güttinger freilich nur bedingt Recht. Slok und Schurink standen sicherlich im festen, hundertprozentigen Glaubensgehorsam, jedoch nicht Bischoff, sondern Van Oosbree gegenüber. Am 21.7. wurde dann auch Jochems in den Ruhestand versetzt, da das Gericht in Rotterdam in einer einstweiligen Anordnung entschieden hatte, dass Jochems kein Bezirksapostel sein könne, da er sich aus der HAZEA zurückgezogen habe (wegen seiner Postkarte vom 19.5.1945 an Van Oosbree, s.o.). Bezirksältester Paasman aus Leeuwarden wurde als neuer Bezirksapostel ordiniert. Jochems starb am 10.2.1947, nachdem er schon seit dem 28.10.1946 krank war.[183]

Vor Gericht versuchten weiterhin sowohl Slok als auch Paasman (und nach dessen plötzlichem Ableben am 22.5.1948 der neue Bezirksapostel Kamphuis) als rechtsgültiger Nachfolger von Van Oosbree anerkannt zu werden. Etliche Male empfahl der Richter den Parteien, sich miteinander zu versöhnen, was jedoch nicht gelang. Anfangs hatte es den Anschein, dass Slok vor Gericht die besten Chancen hatte. Obwohl laut eigener Aussage nicht deutschfeindlich gesinnt, versuchte er doch,

---

[181] Vgl. *Beknopt verslag van een broedervergadering, gehouden in het lokaal der gemeente Sittard op Vrijdagavond, den 17en Mei 1946, door Apostel Göttinger [sic] Jr*, S. 1. Maschinenschriftliche Abschrift.

[182] *Verslag van de dienst, gehouden in Bellevue in Amsterdam op 21 Juli 1946 door Apostel E. Guettinger, waarbij aanwezig waren Apostel O. Guettinger, Apostel Jochems en de oudsten Paasman, Smit en Kamphuis*, S. 8. Maschinenschriftliche Abschrift.

[183] Vgl. *In memoriam*, in: Mededelingen, Nr. 4, 23.2.1947, S. 1.

dem Richter die pro-nazistische Haltung der deutschen neuapostolischen Kirchenführer deutlich zu machen. Slok schrieb am 22.11.1947 dem Präsidenten des Gerichtshofes in Amsterdam: „[...] das Verhalten der [Neu]apostolischen Gemeinde in Deutschland – **wie es von ihren Führern vorgegeben wurde** - spricht Bände. Wie konnte die deutsche Gemeinde so handeln? Wie konnte es angehen, dass sie in ihren Zeitschriften öffentlich Propaganda machte für das barbarische Nazitum? Wie war es möglich, dass die unsrigen [niederländische HAZEA-Mitglieder], die wie Sklaven über die Grenze geführt wurden, **von den Vorangängern und geistlichen Führern** in der Apostolischen Gemeinde in Deutschland angespornt wurden, sich in den Dienst der SS zu stellen??! [...] War es denn befremdlich, dass Apostel van Oosbree 1938 aus Protest eine Versammlung des Apostelkollegiums in Frankfurt verließ, weil (wohlgemerkt in einer Apostelversammlung) eine Vorlesung von einigen Propagandisten gehalten wurde, die sie von Regierungsseite in die Grundlagen des Nationalsozialismus einführen sollten?! Wie ist es möglich, dass aus Apostelmund vernommen wurde, dass die Juden vernichtet werden sollten, weil diese Leute ihnen soviel Elend gebracht hatten? [...] Ja, jetzt sagt man dort natürlich, dass dieses nicht stimmt, oder...... dass man so handeln musste, wenn man als Gemeinde nicht liquidiert werden wollte! [...] Aber ich frage Sie, [...] ist es noch der Mühe wert, weiterhin zu existieren, wenn man die **höchsten Besitztümer** und die **nobelsten Gefühle** hat aufopfern müssen? [...] Übrigens, in den [anderen] Kirchen in Deutschland lief es ganz anders als in der ‚Hitler-Kirche', wie die Apostolische Gemeinde in jener Zeit in manchen Gegenden Deutschlands genannt wurde. [...] Hitler war von Gott gesandt, so schrieb der **Hauptapostel**[184] und er stimmte ein Loblied auf die unglaublichen Großtaten des so gewaltigen deutschen Heeres an."[185]

Dennoch wurde am 29.6.1950 vom Gerichtshof in Amsterdam rechtskräftig entschieden, dass Slok „nicht rechtsgültig ernannt worden sei [...]. Ein letzter Revisionsantrag wird am 6.4.1951 durch den Hoge Raad zurückgewiesen. [...] Ein Zehntel der ursprünglichen Hersteld Apostolische Zending Gemeente bekam jetzt alle Geldmittel und Güter zugewiesen."[186] Nachdem am 12.12.1951 die endgültige finanzielle Regelung mit der Neuapostolischen Kirche unterschrieben war,[187] wurde am 28.12.1951 die Vereinigung Het Apostolisch Genootschap gegründet. Die HAZEA verlor etwa 26.000 von ihren 29.000 Mitgliedern.

---

[184] K. Hutten, *Seher, Grübler, Enthusiasten. Sekten und religiöse Sondergemeinschaften der Gegenwart*, Stuttgart [8]1962, S. 610 stellt fest: „Am Tag von Potsdam, 21.März 1933, hielt Bischoff einen Festgottesdienst und verkündigte unter Zugrundelegung von Sir. 10, 5, dass jetzt der von Gott gesandte Führer gekommen sei. Den Text der Ansprache ließ er samt vielen Unterlagen in die Reichskanzlei schicken". Vielleicht hat Slok auf diese Begebenheit angespielt?

[185] *Mededeling betreffende de door het Gerechtshof in Amsterdam bevolen en op 12 November l.l. voortgezette verzoeningscomparitie*, in: Ons Weekblad, 53. Jg. Nr. 46, 13.11.1947, S. 280-281. Hervorhebung im Original.

[186] *De zegen van de twijfel*, S. 153.

[187] Im Wert von fast f. 4.500.000. Vgl. ebd., S. 201f.[119].

Hersteld Evangelisch Apostolische Gemeente 1926-1956

Wie schon erwähnt, war die geänderte Bedeutung des Heiligen Abendmahls der Grund gewesen, weshalb Smit und sein Bezirksapostel und Schwiegervater Van Oosbree aufeinander prallten. Smit wurde 1925 seines Amtes enthoben, besuchte aber weiterhin die Gottesdienste, bis ihm dann 1926 der Zutritt zu den HAZEA-Zusammenkünften untersagt wurde. Er schrieb Briefe an Stammapostel Niehaus, die aber zu keinem Ergebnis führten. Als er dann von Geistesverwandten gebeten wurde, Gottesdienste abzuhalten, lehnte er dies ab, weil er dazu von keinem Apostel mehr beauftragt war. Etwas später hörte er von der Existenz des Reformiert-apostolischen Gemeindebundes in Deutschland und schrieb sofort Apostel C.A. Brückner an. Nach einer regen Korrespondenz „empfing Smit von Apostel Brückner am 28. Oktober 1926 den Auftrag, als Evangelist in den Niederlanden zu arbeiten ‚im Sinne der Reformiert-Apostolischen Sendungsgemeinde.‘“[188] Gemeinden entstanden in Enkhuizen, Amsterdam, Groningen, Scheveningen und Zaandam. August 1927 besuchte Smit Brückner in Dresden. Er äußerte in einem Gottesdienst, dass in den Niederlanden „sein Los [...] die Verbannung gewesen [war]; er war verachtet und verstoßen.“[189]

Brückner und andere reformiert-apostolische Apostel besuchten auch regelmäßig die niederländischen Gemeinden. Am 27.8.1933 waren sie in Amsterdam, wo Smit zum Bischof ordiniert wurde. Der offizielle Bundeszusammenschluss zwischen den deutschen und niederländischen Gemeinden wurde dabei vollzogen. „Der Hirte Grootveld und die Priester Buitenhuys und Bartling wurden in ihrem Amte bestätigt.“[190] Dieser Hirte Grootveld war J. Grootveld, ehemaliger Vorsteher der HAZEA-Gemeinden Amsterdam-1 und -3.[191]

---

[188] M.J. Tang, *De Hersteld Evangelische Apostolische Gemeente*, S. 220. Wann man genau angefangen hat, den Namen Hersteld-Evangelisch Apostolische Gemeente zu verwenden, ist unbekannt.

[189] Bundeskonzil des Reformiert-apostolischen Gemeindebundes (Hg.), *Getreu dem Auftrage Christi*, Dresden o.J., S 13.

[190] Ebd.

[191] Vgl. in diesem Aufsatz das Kapitel „Hersteld Apostolische Zendinggemeente in de Eenheid der Apostelen 1897-1951“.

Smit hat die HAZEA nie aus den Augen verloren. Die testamentarische Berufung von L. Slok zum neuen HAZEA-Apostel war für Smit Anlass, eine Broschüre zu veröffentlichen: „Obwohl nicht im genannten Gemeindeverband [HAZEA] sich befindend, beanspruchen wir dennoch, gemäß unserem Glaubensleben und unserem Bekenntniss, den Namen Apostolisch."[192] Die Berufung Sloks erfolgte laut Smit nicht gemäß der göttlichen Heilsordnung, dies wollte er anhand der Bibel zeigen. Im selben Jahr schrieb er auch eine Broschüre *Der Dienst der so genannten ‚Freisetzung der Entschlafenen'*[193] und 1948 eine Broschüre über das Glaubensopfer. Auch veröffentlichte die HEAG Broschüren zu den Themen Sakramente, Ämter und Opfer, *Eine Frage und eine Antwort, das Stammapostelamt der ‚Apostolische Gemeinde in der Einheit der Apostel' betreffend* und *Biblische Erläuterung von Artikel 6 unseres Glaubensbekenntnisses*. Es ist nicht unwahrscheinlich, dass diese anonymen Schriften ebenfalls aus der Feder von Smit stammen.

1944 wurde die kleine Gemeinde in Scheveningen geschlossen. Neue Gemeinden entstanden 1947 in Apeldoorn und 1948 in Rotterdam.[194] Als nach dem Zweiten Weltkrieg persönliche Kontakte wieder möglich waren, begegneten am 23.9.1950 Smit und vier weitere niederländische Amtsträger Apostel Ecke[195] in Hagen (Westfalen). Im Gottesdienst, der dort am nächsten Tag, Sonntag, stattfand, wurde Smit zum Apostel ausgesondert. Er war maßgeblich daran beteiligt, dass die Apostolische Stichting[196] und die Hersteld Evangelische Apostolische Gemeente 1956 zusammengefügt werden konnten.

---

[192] H.J. Smit, *Enkele toelichtende opmerkingen aangaande de benoeming van den opvolger van wijlen Apostel van Oosbree tot leider der Hersteld Apostolische Gemeente*, o.O. [1946], S. 1.

[193] Hersteld Evangelisch Apostolische Gemeente (Hg.), *De dienst der z.g.n. „vrijmaking der ontslapenen" in de Herst. Apost. Gemeente (onder leiding van Apostel van Oosbree) ingesteld - een ceremonie van geen daadwerkelijke genade-betekenis*, o.O. 1946.

[194] Vgl. M.J. Tang, *De Hersteld Evangelische Apostolische Gemeente*, S. 220.

[195] Brückner war am 8.4.1949 gestorben.

[196] 1955 entstanden; vgl. die Kapitel „Hersteld Apostolische Gemeente in de Eenheid der Apostelen 1951-1964" und „Apostolische Stichting - Apostolische Geloofsgemeenschap 1955-1971".

Hersteld Apostolische Zendingkerk 1947-1969

Zum Zeitpunkt des Amtsantritts des neuen Apostels Ossebaar gab es in der HAZK folgende Gemeinden: Amsterdam, Enkhuizen, Haarlem, Vlissingen, 's-Gravenhage (ab etwa 1920), Arnhem (ab etwa 1920), Utrecht (ab 1931), Wageningen (ab 1936), Rotterdam (ab 1939), Alkmaar (ab etwa 1945), Amersfoort (1945) und Oud-Vossemeer (ab 1945). Auch die Anzahl der Amtsträger war zwischenzeitlich gewachsen.

Die HAZK veröffentlichte 1949 eine verkürzte Ausgabe des Testimoniums der Apostel der Catholic Apostolic Church.[197] Anlass war eine Versammlung des Weltkirchenrates in den Niederlanden. Auf der letzten Seite findet man dann noch etwas „Werbung". Unter der Mitteilung, dass die Broschüre von der Hersteld Apostolische Zendingkerk herausgegeben wurde, steht, dass sie im Besitz der vierfachen Ämterbedienung ist und die im Testimonium beschriebene Lehre bis dahin bewahrt hat. Dann folgt eine Liste von Gottesdienststätten der HAZK.[198] Eine weitere Broschüre, eine Selbstdarstellung in der Reihe *Wezen en wording*, wurde 1954 vom Amsterdamer Evangelisten J. van Bemmel geschrieben.[199]

Da die in Südafrika und Deutschland tätigen Apostel gestorben waren (C. Spies am 3.5.1951 und A.J. Korff am 2.12.1953), wurden für diese Länder neue Apostel ordiniert: J. Benard für Südafrika am 4.6.1952 und L.J. Korff für Deutschland am 24.6.1956. In den 1950er Jahren hatte G. Vanderbeek, Apostel für Nord-Amerika, die Kontakte mit der HAZK abgebrochen. Am 24.12.1961 wurde G. Bolderman als Apostel für Österreich ausgesondert. Es gab also jetzt vier aktive Apostel in der HAZK. In den Jahren 1960 und 1962 fing man an, Gottesdienste in Zwolle und Groningen abzuhalten. 1963 wurde daran erinnert, dass

---

[197] Hersteld Apostolische Zendingkerk (Hg.), *De Oude Paden. Aan de gelovigen in Nederland, nu de Wereldraad van Kerken dezen zomer binnen onze grenzen zal vergaderen*, Amsterdam [1949]. Vgl. A.J. Korff und J. van Bemmel, *Beknopte geschiedenis*, S. 64.

[198] Vgl. Hersteld Apostolische Zendingkerk (Hg.), *De Oude Paden*, S. 39.

[199] J. van Bemmel, *De Hersteld Apostolische Zendingkerk*, 's-Gravenhage [1954].

Apostel Schwarz vor 100 Jahren in Amsterdam seine Sendungsarbeit angefangen hatte. Eine Broschüre wurde veröffentlicht.[200]

Der Zeitabschnitt zwischen dem Zweiten Weltkrieg und den sechziger Jahren scheint ruhig und nicht unfruchtbar gewesen zu sein. Einiges Wachstum war zu verzeichnen, insgesamt aber blieb die HAZK eine kleine, fromme, bibelgetreue Gruppe. Dennoch gab es Spannungen, die sich vorwiegend auf das Verhältnis zwischen den priesterlichen Ämtern in der Gemeinde bezogen. „Von der jüngeren Generation wusste niemand mehr über die Bischofsämter Bescheid, und die Älteren, die theoretisch wohl etwas davon wussten, schwiegen darüber. Man war deshalb der Meinung, dass eine örtliche Gemeinde, ungeachtet ihrer Größe, vollkommen ausgerüstet war, wenn es einen Propheten, einen Evangelisten und einen Hirten gab. Sie leiteten zusammen die Gemeinde."[201] Dies führte oft zu Streitigkeiten, einheitliche Regeln fehlten. In der einen Gemeinde gab es z.B. die hierarchische Reihenfolge „Prophet, Evangelist, Hirte", in einer anderen Gemeinde war vielleicht die Anzahl der Amtsjahre entscheidend. Außerdem hatten die Ämter in Amsterdam, der ältesten Gemeinde, fast automatisch einen etwas höheren Status. Besonders der dortige Prophet H.M. van Bemmel (schon seit 1929 im Amt) hatte großen Einfluss.

Vor dem Zweiten Weltkrieg, „in der Zeit von Van Bemmel oder Kalwij - keiner weiß es genau",[202] wurden die von Schwarz verwendeten Formeln der Sündenvergebung und Abendmahlssegen geändert. Im neuen Wortlaut wurde mehr Nachdruck auf den die Handlung vollziehenden Priester gelegt. In den 1950er Jahren wurden von Ossebaar und L.J. Korff Änderungen im Wortlaut vorgeschlagen, die aber bei einigen anderen Amtsträgern Widerstand hervorriefen. Dies entwickelte sich zu einem „Meinungskampf zwischen dem Apostel

[200] Hersteld Apostolische Zendingkerk (Hg.), *Herdenking. 24 September 1863-1963*, Amsterdam 1963.

[201] J. van der Poorten, *Mijn koninkrijk is niet van deze wereld*, S. 55.

[202] Ebd., S. 57.

Ossebaar und dem damaligen Propheten Van Bemmel."[203] Daraufhin entschied Ossebaar mit Zustimmung der anderen drei Apostel, die Änderung rückgängig zu machen[204] und fortan wieder den Schwarz'schen Wortlaut zu verwenden. Dass er von seiner apostolischen Vollmacht Gebrauch machte, war in der eher ‚flach' organisierten HAZK ungewöhnlich und scheint bei einigen anderen Ämtsträgern Bestürzung verursacht zu haben. Die Atmosphäre sollte sich hierdurch auf Dauer verschlechtern.

Was dann in den nachfolgenden Jahren geschehen ist, lässt sich nicht genau klären und wird in der verfügbaren Literatur perspektivabhängig sehr unterschiedlich beschrieben. Am 23.3.1968 wurden drei weitere Apostel gerufen, nämlich N.T.P. van Dale für Dänemark, A.T. Wiltenburg für Australien[205] und J. van der Poorten für England. Der Letztgenannte hatte ein großes Interesse an und Wissen über die Geschichte der apostolischen Kirchen. Er war besonders fasziniert von der englischen Catholic Apostolic Church, hierüber hat er ab 1964 in England viele Bücher und Schriften erhalten. Van der Poorten, Hausfreund von Ossebaar, war laut Korff auch derjenige, der Ossebaar von der Notwendigkeit eines neuen zwölffachen Apostolats überzeugte,[206] woraufhin dieser dann auch die Entscheidung zu einem Rufungsgottesdienst 1968 traf. Ruhe war der HAZK aber danach nicht beschieden. Laut Van der Poorten waren die Amtsträger, die für eine Gleichberechtigung der vier Ämter standen, verantwortlich für die andauernde Unruhe. Vor allem der Prophet van Bemmel sollte sich dahinter verbergen und viele andere Amtsträger mit seinen Gedanken beeinflusst haben.

---

[203] L.J. Korff, *Kurzgefasste Geschichte. Apostolische Sendungskirche Holland - Deutschland, besonders die Jahre 1963 - 1985*, Völklingen [1985], S 15. Grammatikfehler im Original.

[204] Vgl. J. van der Poorten, *Apostolisch getuigenis en repliek*, Amsterdam 2006, S. 19.

[205] Da der damalige HAZK-Apostel H.R. Bosveld in den 1930er Jahren zur HAZG gewechselt hatte, gab es schon seit mehr als 30 Jahren keinen HAZK-Apostel mehr in diesem Land.

[206] Vgl. L.J. Korff, *Kurzgefasste Geschichte*, S 16-17.

J. van der Poorten

Jedoch: Laut Korff war die prophetische Gabe von Van der Poorten die Quelle allen Übels. Van der Poortens Wunsch, „dass das Werk wieder wie zu Anfang 1830 dargestellt werden muss, hat er durch Weissagungen aus seinem Munde hervorgebracht.“[207] Berkhof schreibt Ähnliches: „Er war jedoch so erfüllt vom Gedanken, dass Gott ihn gesetzt hatte, um durch ihn, zuerst in den Niederlanden, die Gottesdienste in Einklang zu bringen mit denen der Alten Ordnung.“[208] Van der Poorten selbst schreibt ebenfalls, dass er kurz nach dem 23.3.1968 eine Prophezeiung gesprochen hatte, „in der die HAZK aufgerufen wurde, die größtenteils verloren gegangenen, ursprünglichen apostolischen Ordnungen und Lehre wiederherzustellen.“[209] Dennoch verneint er, dass er von Anfang an die Absicht hatte, dieses mittels seiner Prophezeiungen zu verwirklichen: „Ich war zu ‚protestantisch-apostolisch‘, als dass ich zum Beispiel die Bischofsbedienungen einordnen konnte, außer denn die von Aposteln. Es gab bei mir also nicht die geringste Neigung, dass ich mich für eine Wiederherstellung von Ältesten und Engeln [Bischöfen] einsetzte, geschweige darüber zu prophezeien.“[210] Seine Apostelrufung kam für ihn nicht unerwartet, weil „der Herr ihm lange zuvor offenbart hatte, dass Er ihn zum Apostel für England, Ruben [Stammname], rufen würde, und dass sein Amt mit viel Streit, Schmähung und Verwerfung

---

[207] Ebd., S 18. Grammatikfehler im Original.

[208] A.W. Berkhof, *In kort bestek. De geschiedenis van de Hersteld Apostolische Zendingkerk*, Nieuwegein 2004, S. 16f.

[209] J. van der Poorten, *En God getuigde mede door wonder en teken*, Amsterdam 2. Auflage 1999, S. 21.

[210] Ebd., S. 82.

verbunden sein würde."[211] Die Gabe der Prophetie war ihm ebenso versprochen worden, und davon machte er in der Folgezeit ausgiebigen Gebrauch. Seine erste Prophetie sprach er im Juli 1968.[212] Am Sonntag, dem 29.9.1968, prophezeite er abermals in der Gemeinde zu Amsterdam, was nach dem Gottesdienst zu kritischen Bemerkungen des Propheten führte.[213] Erneut geschah dies Weihnachten 1968. Die Versammlung der HAZK-Propheten war der Meinung, dass die Prophetien der Propheten über den Prophetien von Van der Poorten standen. Hiernach stand ein Prophet über einem prophezeienden Apostel. Ein Prophet fasste dies wie folgt zusammen: „Das Amt des Propheten wurde von solch einem mannigfaltig prophezeienden Apostel ‚angetastet'".[214] Üblich in der HAZK war der Grundsatz, dass derjenige, der prophezeite, nicht die Prophetie erklärte. Van der Poorten war Apostel und er war prophetisch begabt. Er prophezeite und erklärte gleichzeitig seine eigenen Prophetien. Es ist nachvollziehbar, dass sowohl die ordinierten Propheten als auch viele andere Amtsträger und Mitglieder ihre Probleme mit dieser Vorgehensweise hatten. Auch war es vielen unklar, weshalb Van der Poorten, Apostel für England, sich mit seinen Prophetien so sehr in die Situation der niederländischen Gemeinden einmischte.

Am 30.1.1969 rief Van der Poorten in einem Privathaus in Utrecht den dortigen Propheten zum Engel der Gemeinde. Am 23.2. berief er einen Unterdiakon und eine Diakonissin, am 23.3. berief er einen Diakon, am 30.3. prophezeite er, dass man einen während des Gottesdienstes gerade getauften Erwachsenen gleich anschließend versiegeln sollte. So etwas hatte es in der HAZK noch nie gegeben und wurde deshalb als höchst ungewöhnlich bewertet. Ossebaar war sich nicht sicher, wie er sich dazu verhalten sollte. Die Ordinationen (außer dem des Diakonen) hatte er sofort durchgeführt, wie auch die Versiegelung. Und es ging weiter. Van der Poorten schreibt: „Während eines Spaziergangs war mir das Wort geworden, dass der Herr einen gewissen T.A. zum Ältesten

---

[211] J. van der Poorten, *Mijn koninkrijk is niet van deze wereld*, S. 61.

[212] Vgl. J. van der Poorten, *Apostolisch getuigenis en repliek*, Amsterdam 2006, S. 24.

[213] Ebd., S. 25.

[214] J. van der Poorten, *Mijn koninkrijk is niet van deze wereld*, S. 66.

stellen würde."[215] Das war ein Amt, das seit den Tagen von Schwarz in der HAZK nicht mehr existierte! Er ahnte Probleme, und diese kamen reichlich. Im Morgengottesdienst am 25.5. (Pfingstsonntag) folgte dann diese Berufung zum Ältestenamt, wobei er aus Furcht den Namen des Bruders nicht nannte. Im Abendgottesdienst rief er einen Bruder zum Engel und nannte dann auch den Namen des im Morgengottesdienst gerufenen Ältesten. Van der Poorten schreibt über sich selbst, dass nach Pfingsten „ein Wasserfall von Rufungen [folgte]. Alle im Laufe der Jahre verloren gegangenen Ämter wurden genannt. [...] Pfeiler der Evangelisten [...], Pfeiler der Propheten [...], Pfeiler unter den Aposteln [...], Engel, Älteste, ein Vorsteher der Diakone und unterschiedliche Arten Diakone [...], Engelprophet [und] Engelevangelist."[216]

Das Chaos in den Gemeinden und bei den Amtsträgern durch diese Ereignisse ist kaum zu beschreiben. Van der Poorten selbst schreibt über „eine Orkan auslösende Ältestenrufung" und „es war nun einmal ungewöhnlich, dass Rufungen durch Apostelmund ausgesprochen wurden und auch noch außerhalb der dafür vorgesehenen Rufungsgottesdienste."[217] Korff hatte sich mittlerweile aus dem Apostelkreis zurückgezogen, weil er der Ansicht war, dass Ossebaar zuviel auf Van der Poorten hörte und kaum mehr seine eigene apostolische Autorität anwandte. Korff berichtet: „Es geschah auf einer der Apostelversammlungen, das bevor der Apostel Ossebaar im Eröffnungsgebet den Herrn um Seine Hilfe und Führung gefragt hat, der Apostel v.d. Poorten durch den Heiligen Geist getrieben wird. Nach dem ‚Amen' des Gebetes brachte er eine Weissagung. Darauf sagte der Apostel Ossebaar: Brüder, wir haben kaum noch etwas zu besprechen; der Herr hat uns all [Korff meint: bereits] geantwortet."[218] Hieraus kann man folgern, dass Ossebaar zu diesem Zeitpunkt keine kritisch prüfende Haltung gegenüber Van der Poortens Prophezeiungen hatte.

---

[215] J. van der Poorten, *Apostolisch getuigenis*, S. 35.
[216] J. van der Poorten, *Mijn koninkrijk is niet van deze wereld*, S. 76.
[217] Ebd., S. 75, 77.
[218] L.J. Korff, *Kurzgefasste Geschichte*, S 18f. Grammatikfehler im Original.

Viele Amtsträger und Mitglieder forderten Ossebaar nun auf, seine Autorität geltend zu machen (man beachte, dass Van der Poorten für England berufen war). Ossebaar aber, „sah die Ereignisse als den Willen Gottes, dabei unterstützt durch eine Anzahl von Priestern.“[219] Berkhof berichtet, dass elf mit Ossebaars Haltung unzufriedene Amtsträger sich daraufhin zusammenschlossen. Sie entschieden, „während der nächsten allgemeinen Ämterversammlung den Apostel zu fragen, die Sache um Van der Poorten oben auf die Agenda zu setzen. Als dies abgelehnt wurde, verließen die Elf die Versammlung.“[220] Van der Poorten dagegen schreibt, dass in der obengenannten Versammlung einer der Priester ein Ultimatum mit Forderungen verlas. „Die Situation müsse bis zum 23.3.1968 rückgängig gemacht werden. [...] Die Prophezeiung von P [Van der Poorten] sei falsch und sollte gänzlich ausgelöscht werden; alles, was aufgrund dessen getan war, sollte ungeschehen gemacht und P zum Schweigen gebracht werden. [...] Außer Ossebaar sollten die Apostel schweigen und das Land verlassen. [...] Als Ossebaar eine Antwort zu formulieren suchte, unterbrach der Verfasser [der auch das Ultimatum verlas] ihn mit der scharfen Aufforderung, dass er nur mit einem kurzen Ja oder Nein antworten solle.“[221] Ossebaar antwortete, dass er keine der Forderungen akzeptieren würde, woraufhin einige Amtsträger sofort die Versammlung verließen. Dieses passierte am 16.9.1968. Es ist kaum zu glauben, aber dennoch wahr, dass Berkhof und Van der Poorten hier über dieselbe Ämterversammlung berichten.

Ab dem 16.10.1968 wurden Ossebaar und die anderen Apostel von der obengenannten Gruppe nicht mehr als Apostel anerkannt. Nur Korff wurde akzeptiert, eine Verbindung, die aber nur so lange währte, bis er sich weigerte, einen Rufungsgottesdienst mit der neu formierten Gruppe zu halten.[222] In Amsterdam, Enkhuizen, Rotterdam und Vlissingen blieben viele oder gar alle Mitglieder Ossebaar treu. Arnhem und 's-Gravenhage zweifelten. Die Mehrheit der Mitglieder der Gemeinden Alkmaar, Amersfoort, Haarlem, Oud Vossemeer, Utrecht

[219] A.W. Berkhof, *In kort bestek*, S. 17.

[220] Ebd.

[221] J. van der Poorten, *Mijn koninkrijk is niet van deze wereld*, S. 78.

[222] Vgl. L.J. Korff, *Kurzgefasste Geschichte*, S 23f.

und Wageningen stellte sich jedoch hinter die elf Priester. Eine neue Gruppe, die sich fortan auch Hersteld Apostolische Zendingkerk nennen würde, war entstanden.[223]

[223] Vgl. für die weiteren Entwicklungen das Kapitel „Hersteld Apostolische Zendingkerk (Schaap) 1969-1971". Ich verwende im Text ab hier schon den Namen HAZK (Schaap), um den Unterschied zur HAZK (Ossebaar) zu verdeutlichen, obwohl J. Schaap erst 1971 zum Apostel gerufen wurde.

Hersteld Apostolische Zendingkerk (Ossebaar) 1969-1971

Am 23.3.1968 waren zwar drei Apostel gerufen worden, dies brachte die Gesamtzahl aber lediglich auf sieben, und nicht, wie gewünscht, auf zwölf. Deshalb wurde am 27.12.1969 in einer angemieteten Kirche in Amsterdam erneut ein Rufungsgottesdienst gehalten. Viele Mitglieder und Amtsträger der gerade entstandenen HAZK (Schaap) waren nicht anwesend, wie auch Korff nicht. Die Atmosphäre wird unterschiedlich beschrieben. Korff urteilte: „Von Heiligkeit war gar nicht die Rede, sondern mehr von Verwirrung."[224] Berkhof: „Es wurde ein verwirrender und unruhiger Gottesdienst."[225] Van der Poorten hingegen: „Entgegen einigen von uns feindlich gesonnenen Menschen verbreiteten unwahren Gerüchten war der Gottesdienst, außer einer leichten Verwirrung am Anfang, würdig, aber sehr düster gestimmt abgelaufen." Fünf Brüder wurden zu Aposteln berufen, „wodurch, gemäß der Versprechung, die Zwölfzahl der Apostel endlich vollzählig geworden war."[226] Die Gerufenen waren W.M. Leunen, J. van de Wakker, J.E. van der Poorten (Bruder von J.), H. Rijnders und J. Kruk. Nun gab es also zwölf (gerufene) Apostel. Aber: Korff wollte sich Ossebaar immer noch nicht anschließen, Kruk lehnte seine Berufung ab (er wandte sich der HAZK (Schaap) zu) und Benard (Süd-Afrika) hüllte sich immer häufiger in Stillschweigen. Die so sehr ersehnte Einheit im Apostolat wollte einfach nicht gelingen und genau so war es in den bei Ossebaar gebliebenen Gemeinden, Mitgliedern und Amtsträgern.

In Amsterdam und Enkhuizen wurden nun die Gemeinden neu „nach dem Vorbild des goldenen Leuchters aus Offenbarung 1, 12" organisiert. Ein Engel und sechs Älteste hatten gemeinsam die Aufsicht über eine Gemeinde. Es gab auch noch „helfende Propheten, Evangelisten und Hirten. [...] für die diakonischen Aufgaben [gab es] einen Vorangänger, Erzdiakon genannt, dazu vielerlei Stufen von Diakonen, jeder mit seiner besonderen Aufgabe."[227] Außerdem gab es

---

224 L.J. Korff, *Kurzgefasste Geschichte*, S 21. Grammatikfehler im Original.

225 A.W. Berkhof, *In kort bestek*, S. 17.

226 J. van der Poorten, *Mijn koninkrijk is niet van deze wereld*, S. 82.

227 Ebd., S. 83, 85.

Rufungen von Erzengel- und Engelevangelisten, Ämter, die den Aposteln hinzugefügt wurden.

Am 30.4.1970 wurden in Amsterdam die Apostel Leunen, Van de Wakker, J.E. van der Poorten und Rijnders ordiniert. Die bisher so zweifelnde Gemeinde Arnhem war auch anwesend. Eine Woche später, am 7.5., starb plötzlich Apostel Bolderman. Nachdem die Amtsträger in Arnhem den Aposteln verboten hatten, ihre Gemeinde zu besuchen, durfte Ossebaar am 24.5. dann erstmalig wieder dort Gottesdienst halten. Diese Gemeinde war zu diesem Zeitpunkt faktisch schon gespalten. Ein Teil wollte zur HAZK (Schaap), ein anderer Teil sah gerne so schnell wie möglich die in Amsterdam und Enkhuizen bereits durchgeführten organisatorischen Reformen (und die dazugehörenden Ämter) auch in Arnhem verwirklicht. „Als Ossebaar dann zum ersten Mal seit langem in ihrer Mitte war, waren die Erwartungen der Befürworter [von Reformen] so hoch, dass ein einziger Funke die Gemeinde in Lichterloh hätte versetzen können. Und das geschah.“[228] Ossebaar wurde von einer Vielzahl Rufungen förmlich überwältigt, aber er erkannte sie alle an und ordinierte die vielen genannten Personen. Auf einmal war ab jetzt auch die Gemeinde Arnhem nach dem Vorbild des goldenen Leuchters organisiert.[229] Ossebaar war hocherfreut: Arnhem folgte ihm wieder.[230] Nur wenige Tage später prophezeite Van der Poorten aber, dass alles, was in Arnhem geschehen war, nicht göttlichen Ursprungs war. Das machte ihn bei Ossebaar definitiv zu einem falschen Propheten. In dieser Atmosphäre versammelten sich am Dienstag, dem 14.7., dem Gedenktag der Aussonderung der Apostel der Catholic Apostolic Church in 1835, viele Mitglieder in der Kirche an der Bloemgracht in Amsterdam. Da gehorchte Ossebaar einer Prophetie und erklärte Apostel Korff für

---

[228] J. van der Poorten, *Apostolisch getuigenis*, S. 67.

[229] Vgl. W. Smit, *De 40 dagen vergadering in 1970*, in: W. Smit, *Capita selecta: Over de Logos, het Eeuwige Woord*, Doetinchem 2001, S. 69.

[230] Dennoch wandten sich innerhalb kurzer Zeit Teile der Gemeinden Arnhem und 's-Gravenhage der HAZK (Schaap) zu. Vgl. J. van der Poorten, *Mijn koninkrijk is niet van deze wereld*, S. 93f.

abgesetzt.[231] Neu gerufen wurden W. Ent (statt des verstorbenen Bolderman), P. Bols (statt des entlassenen Korff) und W. Smit (statt des zurückgewichenen Kruk). Eine neue Zwölfzahl war formiert. Auch viele neue Propheten wurden gerufen, wodurch auch hier die Zwölfzahl voll wurde. Prophetien befahlen, dass ab dem 18.7. die Apostel und Propheten sich 40 Tage lang versammeln sollten, zuerst in Arnhem, später in Amsterdam. Zehn Apostel und eine Anzahl Propheten trafen zusammen. Van der Poorten war hierbei nicht mehr anwesend, er war mit zwei anderen Personen in die Schweiz und später nach Österreich gereist. In Davos führte er am 18.7. „die bei den britischen Aposteln üblichen Morgen- und Abendgebete"[232] wieder ein.

Nachdem Van der Poorten aus Österreich zurückgekehrt war, besuchte er heimlich einige Amtsträger der Gemeinde Amsterdam und erklärte ihnen seine Sicht auf alles Geschehene. In den Zusammenkünften der Apostel waren es vor allem Van Dale und J.E. van der Poorten, die als Sprachrohr von Van der Poorten fungierten und dort „mit allmählich wachsender Entschlossenheit anfingen [das] zu verwenden [...], was der Geist des Herrn sie unterrichtet hatte."[233] Van der Poorten verharrte in seiner selbstgewählten Isolation, was Ossebaar und viele Propheten immer mehr irritierte. Immer mehr Prophetien wurden gegen Van der Poorten ausgesprochen. Am 12.10. wurde er durch Ossebaar aufgefordert, bei einem Gottesdienst, der am Mittwoch, dem 14.10., in Arnhem stattfinden sollte, anwesend zu sein. Dort sollten zwölf Propheten zu einem „Elia von dieser Zeit" ordiniert werden. Van der Poorten weigerte sich und schrieb am 13.10. einen Brief, der von dem Amsterdamer Pfeiler der Engel am 14.10. vor Beginn des Gottesdienstes in der Sakristei verlesen wurde. In dem Brief wurde „allen geraten, das [Kirchen]Gebäude schnellstens zu verlassen [...]. Sofort nachdem der Bote die Botschaft verlesen hatte, ging ein Großteil der Diener aus Amsterdam und Enkhuizen in den Kirchensaal, um ihre

---

231 Vgl. a.a.O., S. 99f. Einige Wochen später traf Benard (Apostel für Süd-Afrika) das gleiche Schicksal.

232 J. van der Poorten, *Mijn koninkrijk is niet van deze wereld*, S. 98.

233 Ebd., S. 107.

Verwandten zu holen, wonach sie fortgingen."[234] Dennoch ordinierte Ossebaar die zwölf Propheten.

Anfang Dezember wurde Van der Poorten mittels Prophetie zu einigen Amtsträgern der HAZK (Ossebaar), der HAZK (Schaap) und der Arnhemer Gemeinde geschickt. Einige dieser rief er zu Ämtern „eines bald anfangenden Werk Gottes"[235]. Am 9.4.1971, Karfreitag, prophezeite in Amsterdam der Erzengel Benard, überzeugter Anhänger Van der Poortens, dass alle Amtsträger ihre widerrechtlich erhaltenen Amtsgaben zurückgeben sollten, wobei die Widerrechtlichkeit in der Trennung von der englischen Catholic Apostolic Church 1863 begründet lag. Van der Poorten selbst war schon seit seiner Rückkehr aus Österreich (Sommer 1970) davon überzeugt, dass ein Schuldgeständnis notwendig und eine Amtsrückgabe der richtige dazugehörende Schritt wäre.[236] Jetzt war es soweit: Karfreitag 1971 gab Van der Poorten sein Apostelamt zurück an Gott und betete das Bußgebet aus Daniel 9. Im Geiste vereinigte er sich mit den englischen Aposteln. Vier Amtsträger folgten ihm in diesem Schritt. Ostersonntag versammelten sich die fünf, um eine Gebetszusammenkunft abzuhalten. Da „offenbarte der Herr aber, dass Er ihr Opfer angenommen habe, dass es aber Sein Wille sei, alle fünf in ihren Ämtern wiederherzustellen. [...] Von Gott dazu ermahnt, nahmen die vier Brüder Öl, um damit P [Van der Poorten] mittels einer heiligen Salbung in sein apostolisches Amt wieder aufzunehmen, woraufhin Van der Poorten die vier Männer zur Bedienung salbte, wozu der Herr sie gerufen hatte. So war am Tag, an dem der Auferstehung des gekreuzigten Heilandes gedacht wurde, das Werk, das Er mit den alten Helden angefangen hatte, zu neuem Leben gekommen."[237] Mehr als drei Jahre zuvor (kurz nach dem 23.3.1968) hatte Van der Poorten die HAZK bereits dazu aufgerufen, zu den ursprünglichen apostolischen Ordnungen zurückzukehren. Jetzt war die Rückkehr Fakt: die

[234] J. van der Poorten, *Apostolisch getuigenis*, S. 69-70.
[235] J. van der Poorten, *Mijn koninkrijk is niet van deze wereld*, S. 115.
[236] Vgl. ebd., S. 113f.
[237] Ebd., S. 118.

Katholiek Apostolische Kerk entstand.[238] Es bedeutete fast das Ende der HAZK (Ossebaar).

[238] Um Verwirrungen zwischen der originären englischen Catholic Apostolic Church (auf Niederländisch: Katholiek Apostolische Kerk) und dieser neu aufgerichten Gemeinschaft zu vermeiden, werde ich ab hier dafür den Namen Katholiek Apostolische Kerk (Van der Poorten) verwenden.

Hersteld Apostolische Zendingkerk (Ossebaar) 1971-1974[239]

An dieser Stelle, die HAZK war endgültig in drei Teile auseinandergefallen, möchte ich kurz etwas über die Mitgliederzahlen sagen. 1969 hatte die HAZK ungefähr 2700 Mitglieder.[240] Der in diesem Jahr entstandenen HAZK (Schaap) folgten etwa 1000 Mitglieder, der 1971 entstandenen KAK (Van der Poorten) etwa 450 Mitglieder. Ossebaar verblieben etwa 250 Mitglieder. Die übrigen Mitglieder (also ungefähr 1000 der ursprünglichen 2700) haben die HAZK verlassen: sie wandten sich entweder anderen Gemeinschaften zu oder haben der Institution Kirche gänzlich abgeschworen. Diese letzte Gruppe war vermutlich die größte.[241]

Der Engel der Amsterdamer Gemeinde, G.P. de Ridder, wurde nun, keine zwei Monate nach dem Weggang Van der Poortens, durch Ossebaar per Brief seines Amtes enthoben. Angeblich gab es schon zu diesem Zeitpunkt einen neuen gerufenen Engel namens Bekker (aus Arnhem) für diese Gemeinde.[242] Van der Poorten versammelte sich zu Hause mit einigen Mitgliedern und feierte dort Heiliges Abendmahl. In der Gemeinde an der Bloemgracht in Amsterdam saßen die Apostel „Van Dale, Rijnders und J.E. van der Poorten inmitten der Amtsträger". In Enkhuizen „versah Apostel Ent treu seinen Dienst."[243]

---

[239] Über die Geschichte der HAZK (Ossebaar) ab 1971 wie auch über die der HAZK (Schaap) ab 1969 gibt es weder offizielle noch andersartige Quellen. Van der Poorten beschreibt zwar in *Mijn koninkrijk* einige Ereignisse aus den Jahren 1968 bis 1974, die sich in diesen beiden HAZK-Gemeinschaften ereigneten, aber gerade hier hat dieses Buch einen stark apologetischen Charakter.

[240] Diese Zahl entnehme ich dem Zensus 1971 (durchgeführt am 28.2.), deren Daten unter http://www.volkstellingen.nl zu finden sind. Man kann davon ausgehen, dass zu diesen 2700 sowohl die Mitglieder der HAZK (Ossebaar) und der HAZK (Schaap) gehörten. Die Katholiek Apostolische Kerk (Van der Poorten) existierte zu diesem Zeitpunkt noch nicht.

[241] Ein bekannter Niederländer, der zur Gruppe gehörte, die der HAZK den Rücken kehrte und jetzt überhaupt keiner Kirche mehr angehört, war der niederländische Finanzminister (1994-2002, 2003-2007) Gerrit Zalm, 1952 geboren in Enkhuizen und bis 1970 Mitglied der dortigen HAZK-Gemeinde.

[242] Vgl. J. van der Poorten, *Mijn koninkrijk is niet van deze wereld*, S. 119.

[243] Ebd., S. 121.

Am 8.9.1971 ordinierte Ossebaar in Arnhem den neuen Engel Bekker und stellte ihn am 19.9. in Amsterdam der Gemeinde vor. Für viele Mitglieder und Amtsträger war dieser Vorgang Anlass, sich entweder Van der Poorten anzuschließen oder den Gottesdienstbesuch gänzlich einzustellen.

D.W. Ossebaar

Ossebaar folgten nur noch größere Mitgliedergruppen in Arnhem und Amsterdam und lediglich einzelne Mitglieder aus anderen Gemeinden (Amersfoort und 's-Gravenhage). Zahlreiche Amtsträger hatten ihn verlassen. Von den Aposteln folgten ihm Bols, Leunen, Smit und Van de Wakker. Von den Propheten waren 1971 in dieser Gruppe aktiv tätig: P. van der Leek (Enkhuizen), H. Vleer, M. Rusch, A. de Man, A. van Heertum, J. Gamelkoorn und G. Verwoert. Kurze Zeit später wandten sich Van der Leek der Katholiek Apostolische Kerk (Van der Poorten) und Rusch der HAZK (Schaap) zu. Vleer zog sich gänzlich zurück. Statt dieser drei wurden neue Propheten gerufen, nämlich J. Kinket, H. Pullen und J. Tielkemeier.[244] W. Smit (Apostel seit dem 14.7.1970) war jetzt „Aufseher der Propheten und Haupterklärer der Prophetenoffenbarungen"[245]. Am 25.12.1971 wurde in Arnhem eine Prophetie ausgesprochen, dass mit Eingang des neuen Jahres die Abendmahlsfeier in der bisherigen Form eingestellt werden sollte.[246] Die Elemente (Brot und Wein) sollten „durch irdisches Feuer verbrannt werden, was sich wegen der Unbrennbarkeit des Weins als nicht realisierbar erwies."[247]

244 Vgl. W. Smit, *De 40 dagen vergadering in 1970*, S. 70.

245 Vgl. J. van der Poorten, *Mijn koninkrijk is niet van deze wereld*, S. 130.

246 Vgl. D.W. Ossebaar, *Beknopte samenvatting van het onderzoek der Heilige Schrift betreffende het „Gedachtenismaal" Februari 1975*, o.O. [1975], S. 27.

247 J. van der Poorten, *Mijn koninkrijk is niet van deze wereld*, S. 131.

Gleich folgte ein weiteres prophetisches Wort, dass die Elemente „an einer so genannten geheimen Stelle weggeworfen“[248] werden sollten. Da auch die Sakramente Taufe und Versiegelung in dieser Prophetie genannt wurden, „war die Versammlung der Apostel und Propheten bis auf einige Ausnahmen der Meinung, dass DANN, außer der Abendmahlsfeier, AUCH die Taufe und die Versiegelung eingestellt werden sollten.“[249] Nur der Sinn, die geistige Bedeutung der Sakramente war wichtig, und man solle sich von der äußerlichen Form lösen. So geschah es. Die Sakramente wurden in Arnhem abgeschafft. Auch in Amsterdam wurde so verfahren, was nicht ohne Proteste ablief, aber Ossebaar hielt sich an die Prophetien. Die Folge war, „dass nochmals einige Dutzende fortgingen, so dass Ossebaar weniger als ein Zehntel der früher so großen Amsterdamer Gemeinde verblieben war.“[250]

---

[248] D.W. Ossebaar, *Beknopte samenvatting van het onderzoek der Heilige Schrift*, S. 23. Die Bemerkung Van der Poortens, dass Brot und Wein in die Toilette geworfen wurden (*Mijn koninkrijk is niet van deze wereld*, S. 131) stimmt. Die Elemente waren allerdings nicht ausgesondert. Vgl. D.W. Ossebaar, *Beknopte samenvatting van het onderzoek der Heilige Schrift*, S. 24.

[249] D.W. Ossebaar, *Beknopte samenvatting van het onderzoek*, S. 13. Hervorhebung im Original.

[250] J. van der Poorten, *Mijn koninkrijk is niet van deze wereld*, S. 130. Die HAZK-Gemeinde in Amsterdam war die größte in den Niederlanden und zählte 1968 etwa 600 Mitglieder. Davon schlossen sich 1968/1969 höchstens 10% (also etwa 60 Mitglieder) der HAZK (Schaap) an (Mitteilung von A.W. Berkhof), und etwa 175 schlossen sich 1971 der Katholiek Apostolische Kerk (Van der Poorten) an (Mitteilung von P. Lubbers). Ossebaar verblieben Anfang 1971 in Amsterdam etwa 100 Mitglieder. Der Rest (immerhin fast die Hälfte der Mitglieder!) verließ die Gemeinde und schloss sich keiner der drei Gruppen an. Die Aussage von Van der Poorten („weniger als ein Zehntel“) würde konkret bedeuten, dass weniger als 60 Mitglieder Ossebaar Ende 1971/Anfang 1972 in Amsterdam noch folgten.

Dies war der Anfang einer wichtigen Kursänderung der HAZK (Ossebaar).[251] Van Heertum, Erzengelprophet (später Pfeilerprophet) spielte hierbei eine wichtige Rolle. Manche traditionellen Ansichten wurden hinterfragt und neue Ansichten durch Prophetien offenbart. Die Fenster wurden weit geöffnet und Kontakte zu zahlreichen anderen christlichen Gemeinschaften geknüpft. „Ich erinnere mich an Gespräche mit vielen christlichen Strömungen, wie z.B. mit Repräsentanten der RK Kirche, mit den Mormonen, den Zeugen Jehovas, dem Rat der Kirchen in den Niederlanden, den Resten der KAG [Katholisch-apostolische Gemeinden] in mehreren Ländern, mit der Apostolic Church in Wales, der Lutherischen Kirche, den Hervormde- und Gereformeerde Gemeinden [beide Worte sind mit „reformiert" zu übersetzen], den Pfingstgemeinden, den Freien Evangeliums Gemeinden, mehreren charismatischen Gruppen, usw. usw."[252] Ossebaar versuchte 1972 eine Brücke zu Van der Poorten zu schlagen, was wegen derer unterschiedlichen Auffassungen hinsichtlich der Prophetien Van der Poortens und der Arnhemer Propheten 1970/1971 misslang. Jetzt offenbarten die Propheten einen lehrmäßigen Kurs weg vom Kirchendenken, weg von der Notwendigkeit kirchlicher Organisationsstrukturen. Van Heertum erklärte, „dass es Gott um das Innere des Menschen geht; dass Er dort wohnen will; dass der Mensch der einzig wahre Tempel Gottes ist, und alle anderen Gedanken in wesentlichem Sinne Abgötterei sind."[253] Diese Zentrifugalgedanken konnten aber auf Dauer nicht standhalten, weil durch sie die völlige Auflösung der Gemeinschaft vorprogrammiert war. Anlass eines Kurswechsels war ein prophetisches Wort vom 18.12.1973, das sich erneut mit den drei Sakramenten beschäftigte. Diesmal wurde Ossebaar aufgefordert, zu eruieren, was der Herr über Taufe, Versiegelung und Abendmahl alles offenbart hatte. Er sollte die Ergebnisse mit seinen Aposteln und Propheten besprechen und dann niederschreiben. Die Folge war, dass die Sakramente erneut eingeführt wurden. August 1974 erklärten Ossebaar,

---

[251] Smit nennt es eine Änderung von einer „bürokratischen Organisation" zu einer „lebendigen Gemeinschaft", vgl. W. Smit, *De 40 dagen vergadering in 1970*, S. 67.

[252] W. Smit, *In memoriam: Ad van Heertum*, Netterden 2001, S. 55 [2].

[253] Ebd.

Bols, Leunen und Van de Wakker, dass sie der bisherigen (also geistig verstandenen) Form der Sakramente abschwören. Smit konnte diese Rückkehr zur alten Sakramentenlehre nicht mittragen, wie auch viele Propheten aus Arnhem und eine große Anzahl dortiger Gemeindemitglieder. Alle verließen die HAZK (Ossebaar). In Amsterdam, Amersfoort und 's-Gravenhage taten einzelne Mitglieder gleiches. Zur Formierung einer selbständigen Gemeinschaft ist es jedoch nicht gekommen. Am 22.9.1974 hielt Ossebaar dann „zusammen mit den Mitgliedern und Vorangängern [...] in der Amsterdamer Kirche einen Bußgottesdienst, in dem sie die wichtigsten Ketzereien als begangene Sünden bekannten."[254] Man wandte sich wieder dem traditionellen Denken zu. Allerdings hatten die oben beschriebenen Ereignisse Ossebaar abermals einen Großteil seiner Mitglieder gekostet.

[254] J. van der Poorten, *Mijn koninkrijk is niet van deze wereld*, S. 133. „Ketzerei" ist Van der Poortens subjektive Meinung. Ossebaar und seine Anhänger waren davon überzeugt, nur auf die Prophetien gehört zu haben. Sie waren der Meinung, dass jetzt, nach der Neueinführung, die Sakramente auf eine neuere, höhere, bessere Weise als zuvor gefeiert werden konnten.

Hersteld Apostolische Zendingkerk (Schaap) 1969-1971

Im Oktober 1968 hatten sich elf Priester und viele Gemeindeglieder Ossebaars Apostolat entzogen. Grund war, wie erwähnt, deren Gehorsamkeit Van der Poortens Prophetien und Amtsrufungen gegenüber. Diese elf waren: die Hirten Arisz (Amersfoort), Hobé (Wageningen), Putting (Utrecht), Rijnders (Haarlem) und Ruiter (Oud Vossemeer), die Propheten Van Bemmel (Amsterdam), Boekhout (Utrecht), Schutterop (Wageningen) und Swier (Haarlem) und die Evangelisten Berkhof (Utrecht) und Schaap (Wageningen). Bemerkenswert ist, dass aus der großen Amsterdamer Gemeinde nur ein Priester (nicht zufällig der Prophet) und aus Enkhuizen gar keine Priester zur HAZK (Schaap) übertraten. Welcher Teil der Mitglieder den Elf folgten, kann nur geschätzt werden. Laut Korff trat der größte Teil der HAZK-Mitglieder zur HAZK (Schaap) über.[255] Van der Poorten schreibt aber, dass „der weitaus größte Teil der Mitglieder in den Niederlanden dem Apostolat [also: Ossebaar] treu geblieben war.“[256] Immerhin konnte die HAZK (Schaap) die Kirchengebäude in Amersfoort, 's-Gravenhage, Haarlem, Utrecht und Wageningen weiterhin nutzen, ein Zeichen dafür, dass sie dort gewiss die Mehrheit der Mitglieder hatte. Insgesamt lag die Anzahl Mitglieder schätzungsweise bei 1000.

Obwohl sie elf Priester hatte, fehlte dieser Gruppe natürlich ein Amt besonders, sie hatte keinen Apostel. L.J. Korff, der Apostel für Deutschland, wurde nach einiger Zeit gefragt, ob er möglicherweise für sie einen Rufungsgottesdienst abhalten wolle, damit der Herr um einen Apostel gebeten werden könne. Korff lehnte ab und empfahl sogar dringlichst, dies nicht zu tun.[257] Dennoch wurde am 20.5.1971, aufgrund prophetischer Äußerungen,[258] ein Rufungsgottesdienst in einer gemieteten Kirche in Utrecht abgehalten, in dem der Evangelist Jasper Schaap aus Wageningen zum neuen Apostel gerufen wurde.

---

255 Vgl. L.J. Korff, *Kurzgefasste Geschichte*, S 22.

256 J. van der Poorten, *Mijn koninkrijk is niet van deze wereld*, S. 82.

257 Vgl. L.J. Korff, *Kurzgefasste Geschichte*, S 23.

258 Vgl. A.W. Berkhof, *In kort bestek*, S. 17.

Katholiek Apostolische Kerk (Van der Poorten) 1971-1974

Vor allem in der Gemeinde zu Amsterdam gab es seit dem offiziellen Abschied von Van der Poorten große Unstimmigkeiten. Dieser Zustand spitzte sich zu, als Ossebaar den Engel der Gemeinde, De Ridder, am 27.5.1971 per Brief seines Amtes enthob. Die Ältesten der Gemeinde, die sich mit De Ridder solidarisch erklärten, wurden von Ossebaar suspendiert.[259] Gepredigt wurde jetzt fast jeden Sonntag durch Propheten aus Arnhem. Die Apostel Van Dale, Ent, J.E. van der Poorten, Rijnders und Wiltenburg folgten im Geiste Van der Poorten, besuchten aber weiterhin die Gottesdienste der HAZK (Ossebaar). Das änderte sich dann Ende Juli, als sie einen Brief bekamen, unterzeichnet von ihren Apostelkollegen Ossebaar, Bols, Leunen, Smit und Van de Wakker. Der Brief enthielt Prophetien von drei Arnhemer Propheten. „Das Schwert hatte sie abgeschnitten und sie durften das ‚Heiligtum' nicht mehr betreten,"[260] so wurde es den Adressaten mitgeteilt. Dennoch blieben sie noch einige Monate. Erst als am 19.9.1971 der statt De Ridder ordinierte neue Engel Bekker in Amsterdam von Ossebaar vorgestellt werden sollte, entschieden sich viele Amtsträger und Mitglieder für Van der Poorten und versammelten sich bei ihm zu Hause. An diesem Morgen ordinierte er De Ridder als Engel. Van der Poorten erklärt: „Der Leser versteht natürlich sehr wohl, dass diese Weihe nichts mehr mit der HAZK zu tun hat. Sie bezog sich jetzt auf den alten Altar, den der Herr mit seinen britischen Aposteln wiederhergestellt hatte und an den P [Van der Poorten] und seine Mit-Amtsträger am Ostersonntag gestellt wurden."[261]

Die erste Ausgabe einer Liturgie, die auf der der englischen Catholic Apostolic Church basierte, wurde noch in diesem Jahr herausgegeben.[262] Ab dem 3.10. durfte die Gemeinschaft die Krypta der römisch-katholischen Kirche „De Zaaier" für ihre Zusammenkünfte nutzen. Das neue Monatsblatt *De Zaaier* (*Der Sämann*) wurde nach dieser Kirche benannt und ab Mai 1972 herausgegeben. Die erste Ausgabe listete vier Gemeinden auf: Amsterdam, Enkhuizen,

---

259 Vgl. J. van der Poorten, *Mijn koninkrijk is niet van deze wereld*, S. 119.

260 Ebd., S. 121.

261 Ebd., S. 127.

262 Vgl. J. van der Poorten, *En God getuigde mede*, S. 73.

Rotterdam und Utrecht. In Rotterdam und Utrecht gab es zu diesem Zeitpunkt Hausgemeinden, kurze Zeit später versammelte man sich dort in Mietlokalen. In Enkhuizen hielt man Gottesdienste in jener Kirche, die bis dahin der HAZK gehörte. Hier hatten sich alle Priester (unter anderem Apostel W. Ent und Engel D. Ent) nach Beratschlagung mit der Gemeinde Anfang 1972 entschlossen, ihre Ämter dem Herrn zurückzugeben, und sich im Geiste mit den englischen Aposteln vereint. Die ganze Gemeinde schloss sich Van der Poorten an. Am 28.6. wurde D. Ent erneut als Engel für die Gemeinde Enkhuizen ordiniert.

Ab dem 2.1.1973 fing für die Katholiek Apostolische Kerk (Van der Poorten) (kurz KAK-VdP) ein neuer Zeitabschnitt an. Apostel van der Poorten flog an diesem Tag nach Australien. „Der Herr hatte Br. v.d Poorten offenbart, dass in gewissem Sinne seine Aufgabe in den Niederlanden beendet war. Diese Aufgabe betrifft das Sprechen des Wortes des Herrn in der HAZK in der hinter uns liegenden Zeit von Mitte 1969 bis Ende 1972. Das ist also eine Periode von ungefähr 3½ Jahren. Dieses Prophezeien war eigentlich die indirekte Ursache des Untergangs dieser Gemeinschaft.“ Indirekt, so wird ferner erklärt, weil die Reaktion der HAZK-Apostel und -Amtsträger ablehnend gewesen sei und sie durch diese Haltung selber ihren Untergang bewirkt habe. Es wird auch betont, dass die KAK-VdP „einen zeitlichen Charakter [hat] und nur die Versorgung der durch alle Verwirrung zerstreuten Schafe [...] bezweckt.“[263] Van der Poorten hatte kurz vor seinem Abflug einer stattlichen Anzahl Brüder entweder neue Aufgaben zugewiesen oder sie von Aufgaben enthoben. Unter anderem wurden diejenigen Brüder, die schon in der HAZK Apostel waren (N.T.P. van Dale, W. Ent, H. Rijnders, J.E. van der Poorten), zu „Wächtern“ berufen. Etwa ein Dutzend Brüder erhielt andere Aufträge, einige wurden befristet beurlaubt. Ab September wurde eine Liturgie mit Gebetsformeln in Kraft gesetzt.

---

[263] N.T.P. van Dale, *Onze nieuwe situatie*, in: De Zaaier, 1. Jg. Nr. 9, Januar 1973, S. 173.

Am 1.1.1974 hat Van der Poorten in Australien „im Auftrag des Herrn seine Aufgabe als verantwortlicher Ältester niedergelegt."[264] Neuer zuständiger Ältester wurde Van Dale. Nur anderthalb Wochen später wurden 16 Brüder als „Evangeliumsboten" ausgesandt[265] mit dem Auftrag, den Mitgliedern der HAZK (Ossebaar) und HAZK (Schaap) eine Schrift anzubieten, in der sie aufgerufen wurden, eine bußfertige Gesinnung zu entwickeln, damit die Einheit wiederhergestellt werden könne. Bemerkenswert ist, dass in *De Zaaier* auch Sterbefälle, Geburten, Hochzeiten, Umzüge usw. von Mitgliedern beider HAZK-Gemeinschaften erwähnt wurden.[266] Am 8.10.1974 wurde die Ölsalbung eingeführt. Die Amtsträger wurden an diesem Tag gesalbt, die Mitglieder am 1.12. Am 15.11. wurde G.P. de Ridder als Apostel und Bischof für die KAK-VdP-Gemeinden in den Niederlanden gesetzt. „Hierdurch wurde offenbar, dass wir tatsächlich losgelöst von der alten Gemeinschaft der HAZK (die uns damals hinausgeworfen hat) sind, und der Herr mit uns einen neuen Anfang macht."[267] Fast genau 3½ Jahre nachdem Van der Poorten sein Apostelamt zurückgegeben hatte (Karfreitag, 9.4.1971), war das Band mit der HAZK (Ossebaar) nun endgültig zerschnitten.

---

264 *Kerkelijke bekendmakingen*, in: De Zaaier, 2. Jg. Nr. 9, Januar 1974, S. 194.

265 Vgl. *Kerkelijke bekendmakingen*, in: De Zaaier, 2. Jg. Nr. 10, Februar 1974, S. 222.

266 So z.B. der Umzug von Apostel Ossebaar in eine andere Wohnung. Vgl. *Adreswijzigingen*, in: De Zaaier, 3. Jg. Nr. 2, Juni 1974, S. 29.

267 *Kerkelijke mededelingen*, in: De Zaaier, 3. Jg. Nr. 8, Dezember 1974, S. 166.

Het Apostolisch Genootschap 1951-1973

Apostel L. Slok[268] wurde schon 1950, als beide Parteien noch vor Gericht versuchten, das Vermögen sowie die Immobilien der HAGEA[269] für sich einzufordern, von seinem Rechtsanwalt dazu geraten, eine Stiftung zu errichten. Das wurde die J.H. van Oosbree Stichting, in die ab dem 11.1.1950 die Opfergelder der Mitglieder eingezahlt wurden. Dieses Geld wurde bei der finanziellen Regelung mit der Neuapostolischen Kirche nicht berücksichtigt und formte die Basis mit der später Gebäude von der HAZEA zurückgekauft werden konnten. Am 28.12.1951 errichtete Slok mit 100 Gulden eigenen Geldes als Startkapital die neue Vereinigung: Het Apostolisch Genootschap (Die Apostolische Genossenschaft, kurz HAG). „Das Apostolische Volk in den Niederlanden ersehnt erwartungsvoll, was die Zukunft bringen wird. Das juristische Drama hat, anstatt uns niederzuschlagen, neuen Elan gebracht!“[270] Statt des bis dahin in der HAGEA verwendeten Emblems (Kreuz, Sonne, Wellen) wurde ein neues entworfen: Vor einem Globus als Hintergrund gibt eine ältere Hand eine brennende Fackel an eine jüngere Hand weiter. Dies bedeutet, dass die Christusgesinnung immer wieder weitergegeben wird und werden muss. Das Licht der Fackel ist ein Symbol für die Liebe, mit der Menschen sich gegenseitig segnen können.[271]

Slok, jung und dynamisch, hatte schon ab 1948 per Boot und Flugzeug Überseereisen unternommen. Unter anderem besuchte er mehrmals die niederländischen apostolischen Soldaten in Niederländisch-Indien.

---

268 Vgl. seine Kurzbiographie in: B.L. Brand, *Slok, Lambertus*, in: D. Nauta (u.a.), Biografisch Lexicon voor de Geschiedenis van het Nederlandse Protestantisme, Teil VI, Kampen 2006, S. 294f. In derselben Serie (Teil V, Kampen 2001) hat J. Waerts Kurzbiographien von F.W. Schwartz (S. 460-461) und J. Kofman (S. 313) verfasst, die aber beim Lesen einen gewissen apologetischen Eindruck hinterlassen.

269 Ab 1946 wurde allmählich das Wort „Zendingsgemeente“ durch „Gemeente“ ersetzt. Ab hier verwende ich deshalb die Abkürzung HAGEA statt HAZEA.

270 *De zegen van de twijfel*, S. 155.

271 Vgl. F.A.T.S., *Het ontstaan van ons embleem*, in: Ons Maandblad, 102. Jg. Nr. 12, Dezember 1996, S. 12-13.

Auch war er in Südafrika und Australien und besuchte dort aus den Niederlanden emigrierte Mitglieder.[272] Mehr noch als Van Oosbree zu seiner Zeit wird er zu der zentralen Figur seiner Gemeinschaft. Hinsichtlich der lehrmäßigen Entwicklung führt er die Linie von Van Oosbree konsequent und ohne zu zögern fort. Im Jahr 1949 bezeichnet er den klassischen Parusiegedanken als Irrtum: „[...] wir leben nicht in der Erwartung einer vagen, von dem Menschen beeinflussbaren Wiederkunft nach traditionellem Muster von ‚Jesus, der auf den Wolken erscheinen wird', sondern wir stellen uns ein auf die [...] Geburt des *zeitgemäßen* Christus aus einer Gruppe von Menschen, die sich mit diesem Wesen vertraut gemacht hat."[273] Am 21.8.1950 hielt er einen Gottesdienst in der Apollohalle in Amsterdam, bei dem 6500 Mitglieder anwesend waren. Er sprach davon, was der Apostel sei: „[...] ich meine damit den Menschen, der den Seelenstreit streiten will, um die Eigenschaften Gottes tatsächlich *leben zu lassen* und die Beschaffenheiten des Wesen Gottes wirklich *funktionieren* zu lassen, wodurch diese also große Macht, welches wir mit dem einfachen Wörtchen *Gott* bezeichnen (wir könnten noch 20 weitere Namen nennen) in Seiner Lebensfunktion von höchster Bezeigung des Geistes, *als Apostel*, sich bezeigt." Und er spricht davon, was Gott sei: „Er hat keine Hände, keine Füße und keine Augen; Er verweilt nicht ‚irgendwo' im All [...]. Gott ist Geist. Auch nicht *ein* Geist, weil auch diese Worte ‚ein Geist' Spielraum lassen. Die verweisen uns in das Reich der Schatten und der durchscheinenden Gestalten.

L. Slok

[272] Der Reisebericht von Slok nach Indonesien (April - Juni 1948) wurde sogar als Büchlein herausgegeben: Hersteld Apostolische Gemeente in Ned. en overz. Geb. Deelen (Hg.), *Uit den drang der liefde geboren*, o.O. 1948.
[273] *De zegen van de twijfel*, S. 158. Hervorhebung im Original.

Gott will heißen: Geist, Kraft, Macht, der Bewohner des Alls, der Beseeler aller Dinge! Wohin Sie jetzt auch gehen möchten, dieser Gott ist überall. Aber nirgends finden Sie Ihn so schön, so groß und so milde als dort, wo wir Ihn kennen gelernt haben in Seiner Höchsten Geistesoffenbarung: *Apostel.* […] Hier in diesem kleinen Ländchen [...] ist uns das gewaltig große Vorrecht zuteil geworden, Gott só kennen lernen zu dürfen. Es ist verständlich, dass sich an einem Tag wie der 21. August das Verlangen in uns befindet, alle diese Gefühle von Dankbarkeit, Erkenntnis und von überschäumendem Glück zusammen zu vereinen in einem großen Seelenjubelruf: ‚O Gott, wie danke ich Ihnen, dass ich Sie als Apostel kennen lernen durfte.'" Und im Schlussgebet spricht Slok: „Oh Gott, haben Sie Dank, dass Sie für uns Apostel wurden, weil alles, was ich im göttlichen Sinne in meinem Leben erfahren und erleben durfte, seine Ursache und Existenz in dem Gewaltigen fand, dass ich Sie, oh großer Gott, als Apostel kennen lernen durfte."[274] Eine solche Aussage hat den Charakter einer Apotheose. Klar ist, dass sowohl die Stellung des Apostels und die Definition von Gott umgedeutet wurden, jetzt aber auch enger als je zuvor miteinander verknüpft sind. Diese Verbindung führte in ihrer Eigendynamik noch weiter: „Dieses ist Gottes eigenes Werk. Der Christus, als König der Menschheit vom Vereinigten Königreich des Menschengeschlechts, wird geboren werden und in Erscheinung treten. Und aus diesem Werk wird er geboren werden. Wie lange es noch dauern wird, ist Nebensache für mich, aber dass es passieren wird, damit habe ich zu rechnen."[275] Kein Jahr später findet dann diese vorhergesagte „Geburt" tatsächlich statt. Am Ostermontag 1952 hält Slok einen Ämtergottesdienst im Concertgebouw in Amsterdam. Kurz vor Beginn des Gottesdienstes bereitet der Bezirksälteste Elberts die versammelte Gemeinde vor. „*Gott als Mensch!* Und unter den Menschen Gott am schönsten als Apostel! Gott am herrlichsten als Christus! […]

---

[274] *O God, wat dank ik U, dat ik U mag leren kennen.....!*, in: Ons Weekblad, 56. Jg. Nr. 37, 10.9.1950, S. 326-335. Hervorhebung im Original. In der niederländischen Sprache wird Gott normalerweise, wie auch hier in diesem Gebet, gesiezt. Ich habe das buchstäblich übersetzt und nicht das im deutschen Sprachraum übliche Du verwendet.

[275] *'k Wil mijn leven meerder geven, U, Apostel mijn*, in: Ons Weekblad, 57. Jg. Nr. 37, 16.9.1951, S. 344.

Ach, Männer-Brüder, seien Sie sich darüber bewusst, dass der Christus von heute gleich in unsere Mitte kommt, dass Er uns Seine Brüder und Seine Freunde nennen will! Brüder, ist Euer Herz dafür bereit? (Antw. „Ja") [...] Endlich ist wieder der Christus da! Ich muss ehrlich gestehen: für mich ist es eine Zeit höchster Erfüllung. Und doch sagt mein Gefühl: es ist auch wieder die Zeit eines Neuanfangs!"'[276]

Die Opferbereitschaft der Mitglieder war enorm. Fünf Mal jährlich konnten sie eine Bijzondere Liefdesaanbieding (Spezielle Liebesdarbietung) geben, die für den Kauf bestehender oder den Bau neuer Kirchengebäude verwendet wurde. Diese Liebesdarbietung war als Opfer neben dem normalen Glaubensopfer gedacht. Für die Verwaltung der HAG wurde eine Villa in Baarn gekauft und am 21.8.1954 (Sloks 50. Geburtstag) bezogen. Bischof Schurink, ohne dessen Beharrlichkeit die HAG wahrscheinlich nicht hätte entstehen können, war kurz zuvor am 1.7.1954 gestorben. Im Zeitabschnitt 1952 bis 1959 kaufte die HAG 45 Kirchen, elf davon von der HAGEA. Ab 1952 wurden auch neue Kirchen gebaut. Die Bezeichnungen „Kirche" oder „Gebäude" wurden als zu kalt, als nicht mehr passend empfunden. Man nannte sie fortan Plaats van Samenkomst (Stätte der Zusammenkunft). 1976, etwa zwanzig Jahre später, gab es 70 neugebaute und 29 gekaufte Stätten der Zusammenkunft.

„Endlich ist wieder der Christus da!", sprach der Bezirksälteste Elberts Ostermontag 1952. Das war immerhin eine merkliche Steigerung der bisherigen Terminologie, in der Slok lediglich „Mond-Gods" (Mund-Gottes) oder „Man-Gods" (Mann-Gottes) genannt wurde (wie auch seinerzeit schon Van Oosbree). Ab etwa 1950 wurde das Wort „Christus-Gods" (Christus-Gottes) mit Slok in Verbindung gebracht. Als dann Slok 1952 definitiv Christus genannt wurde, hat genau dies zu erheblichen Problemen oder zumindest zu Missverständnissen mit Außenstehenden geführt. Die HAG unterschied klar zwischen Jesus von Nazareth und Christus. „Jesus von Nazareth, [...] ein auf natürlichem Wege gezeugter und geborener Mensch unter den

---

[276] *Dag van Verbondsvernieuwing. Broedervergadering op de 2e Paasdag 1952 in het Concertgebouw te Amsterdam*, in: Ons Weekblad, 58. Jg. Nr. 17, 27.4.1952, S. 137. Hervorhebung im Original.

Menschen. Nicht ein ‚vom Himmel gesandter Sohn Gottes'. Auch kein Wundertäter mit übernatürlichen Gaben."[277] Jesus von Nazareth war Verkünder einer neuen, von der Liebe zum Nächsten getragenen Lebenseinstellung. „Dieser Jesus von Nazareth, dieser Lebensmeister in Mitmenschlichkeit - und nicht der biblische Wundertäter - verkörperte auf diese Weise das Wesen, das wir ehrfürchtig Christus nennen."[278] Christus (griechisch für Gesalbter) war also eine Funktion, die vor 2000 Jahren Jesus erfüllt hatte. Eben diese Funktion wurde jetzt Slok zugedacht. Regelmäßig liest man in der HAG-Literatur, dass die Christusgezindheid (Christusgesinnung) bei den Apostolischen offenbar werden muss, diese Gesinnung aber schon jetzt in Volkommenheit im Apostel erlebt werden kann. Der Mensch ist Zelfverwerkelijking-Gods (Selbstverwirklichung-Gottes), die sich am Schönsten im Apostel zeigt. Der Unterschied zwischen Jesus als Mensch und Christus als Funktion war für Außenstehende schwer zu verstehen bzw. wurde von der HAG für Außenstehende nicht verständlich (genug) erklärt. Das führte dazu, dass manche Außenstehende Slok z.B. als reinkarnierten Jesus oder als Gott im Fleisch sahen. Als trauriger Tiefpunkt dieser leicht missverständlichen Materie sind zwei Artikel im niederländischen illustrierten Wochenmagazin *Panorama* (die Ausgaben 26 und 31 von 1973) zu nennen. Der erste Artikel (*Die Diktatur des Apostels*) beschäftigte sich mit der von Slok erwünschten Rückkehr sämtlicher HAG-Mitglieder aus Melbourne (Australien). Diese waren 20 bis 25 Jahre zuvor aus den Niederlanden emigriert und hatten dort eine niederländischsprachige HAG-Gemeinde errichtet. Slok aber sprach kein Englisch, und bei seinen Besuchen in Australien spürte er, dass die dortigen jugendlichen Mitglieder ihn bzw. die niederländische Sprache immer weniger verstanden. Slok äußerte den Wunsch, die Mitglieder sollten am besten in die Niederlande zurückkehren, was daraufhin auch fast alle taten.[279] Solch ein Verhalten (von Slok und von den Mitgliedern) war natürlich

[277] Ebd., S. 160.
[278] Ebd., S. 161.
[279] In einem Rückblick auf die Geschichte der Gemeinde Melbourne im Monatsblatt *Ons Maandblad* wird die ganze Panorama-Affäre nicht erwähnt, vgl. N.S. Muller-Howe, ‚*Oude liefde roest nooit*', in: Ons Maandblad, 104. Jg. Nr. 1, Januar 1998, S. 8ff.

in den anti-autoritären frühen siebziger Jahren besonders bemerkenswert und Aufsehen erregend. Der zweite Panorama-Artikel fokussierte den Christus-Anspruch von Slok. Die Überschrift lautete *Mein Name ist Slok und ich bin Gott.* Der Artikel enthielt eine Vielzahl von Vorwürfen, dass Mitglieder ihr ganzes Leben, sogar winzigste Entscheidungen, von Slok bestimmen ließen. Laut tönte der Vorwurf, dass Slok sich Gott nenne und sich vergöttern ließe. Diese Artikel, und das dadurch entstandene landesweite öffentlich negative Bild, führten zu einer zurückgezogenen Haltung der HAG, die erst in den neunziger Jahren aufgegeben wurde.

Probleme gab es in den frühen siebziger Jahren auch mit den jugendlichen Mitgliedern. Progressive Gedanken zur Erziehung, Toleranz, Dialogbereitschaft und die Demokratisierungswelle, die an den Hochschulen und Universitäten durchgeführt wurden, machten vor den Türen der HAG nicht Halt. Slok war für solche Gedanken nicht aufgeschlossen und blieb dabei, dass eine einköpfige Führung in der HAG der einzig richtige Weg sei. Die äußerlichen Merkmale jener Zeit, z.B. die langen Haare der jungen Männer und die kurzen Röcke der jungen Frauen, waren Slok ein Dorn im Auge. Er empfand dies alles als eine Krise im apostolischen Werk, wodurch die Aufgabe, die Christusgesinnung in der Gesellschaft zu offenbaren, zu scheitern drohte. In den jährlich stattfindenden Konfirmationszusammenkünften kam es dann am 19.9.1971 in Rotterdam zu einem Eklat. Slok erlebte dort die Jugend als uninteressiert und kaum empfänglich für seine Worte. Enttäuscht weigerte er sich vorerst, die Konfirmation durchzuführen, und zog sich während des Gottesdienstes in einen Nebenraum zurück. Als die Jugendlichen ihm folgten, ließ er sich umstimmen und die Konfirmation fand letztendlich doch statt. In seinem nächsten „Hartensuiting" („Herzensäußerung", ein wöchentliches Schreiben für alle Mitglieder) kam Slok „dann zu dem entschlossenen Aufruf an alle, die Ihn nicht als Christusnorm erkennen wollen, Abschied von dem apostolischen Werk zu nehmen! Diesem Aufruf wird von einigen Hunderten Gehör geschenkt..."[280] Damit wurde der Unruhe vorläufig ein Ende gesetzt. Die Jugendbetreuung

---

[280] *De zegen van de twijfel*, S. 175.

wurde als Reaktion auf diese Ereignisse aufs Neue durchdacht und umstrukturiert. Dennoch kam es kaum zwei Jahre später erneut zu Problemen mit jugendlichen Mitgliedern. Am 30.3.1973 teilte Slok den Bezirksältesten mit, dass Eignung (Versiegelung) und Konfirmation vorläufig nicht mehr durchgeführt werden sollen, weil „Er sich fürchtet vor neuen Enttäuschungen bei den kommenden landesweiten Konfirmationszusammenkünften. [...] Nicht die Mitgliederzahl, sondern die *Sauberkeit* des priesterlichen Gottesvolkes muss bewahrt werden."[281] Wiederum bat Slok diejenigen, die ihn nicht als Norm akzeptieren wollten, die HAG zu verlassen. Und auch jetzt waren es wieder Hunderte, die dies taten. Die verbleibenden Mitglieder akzeptierten und pflegten ihre innige Abhängigkeit vom Apostel. Für ihn, den Christus dieser Zeit, war eine andere Gesinnung in der Beziehung zu ihm nicht akzeptabel.

---

[281] Ebd., S. 203-204[133]. Hervorhebung im Original.

Hersteld Apostolische Gemeente in de Eenheid der Apostelen 1951-1964

Die Lage der HAGEA war 1951, nach der endgültigen Abspaltung von der HAG, mit einem kurzen Satz zu beschreiben: Die HAGEA besaß das Geld und die Kirchengebäude, die HAG hatte die Mitglieder. Von den 69 in Eigentum befindlichen Kirchen wurden 16 sofort wieder an die HAG vermietet, weitere 23 wurden teilweise vermietet, wobei HAGEA und HAG die Kirche zu unterschiedlichen Zeiten nutzten. Innerhalb einiger Jahre kaufte die HAG dann ihre Kirchengebäude zurück. Sie beschreibt, dass es dem Bezirksapostel Kamphuis zu verdanken sei, dass „unser Apostel [Slok] in die Lage versetzt wurde, 20 Kirchengebäude von der Neuapostolischen Kirche zu erwerben. Aus verschiedenen Bemerkungen des Herrn Kamphuis ist diese Haltung unserem Apostel gegenüber entstanden, aus einem gewissen Reuegefühl und aus Unbehagen über bestimmte Entwicklungen in der Neuapostolischen Kirche, wie z.B. dem übersteigert dargestellten Wiederkunftsgedanken."[282]

Am 18.6.1950 hielt ein Stammapostel erstmals nach dem Zweiten Weltkrieg wieder einen Gottesdienst in den Niederlanden. Keine fünf Jahre später schreibt der deutsche (dann bereits exkommunizierte) Bezirksapostel Kuhlen darüber Folgendes: „Als die Apostel im Sommer 1950 mit dem Stammapostel zur Bedienung der Gemeinden in Holland verweilten, erklärte der Stammapostel den Schweizer Aposteln E. und O. Güttinger sowie R. Schneider, und zwar am 18.6.1950 im Hotelzimmer in Eindhoven, er habe eine göttliche Offenbarung gehabt, **daß er nicht mehr sterben würde**."[283] Einige Monate später wiederholte Bischoff dies nochmals: „Am 25. November 1950 war ich [Kuhlen] dann gemeinsam mit Apostel Dehmel beim Stammapostel. [...] Im Laufe des Gespräches sagte der Stammapostel: ‚Ich habe vor einiger Zeit den Schweizer Aposteln gesagt, und das wiederhole ich auch euch gegenüber: ‚**Ich werde nicht sterben**!' Da haben die Schweizer große Augen gemacht; aber ich weiß, was ich sage, und

---

282 Ebd., S. 201[118].

283 P. Kuhlen, *Nachdenkliches über die Botschaft des Stammapostels J.G. Bischoff: „Ich sterbe nicht, der Herr Jesus kommt noch zu meiner Lebzeit wieder"*, Düsseldorf 1955, S. 3. Hervorhebung im Original.

ich bleibe auch dabei. Ich weiß wohl, daß es viel gesagt ist ‚Ich werde nicht sterben', aber ich werde es niemals anders sagen; denn wenn ich es anders sagen würde, dann wäre das ein Abweichen von der Lehre. Die Wiederkunft Christi steht kurz bevor, und wer das nicht lehrt, der steht nicht richtig.'"[284] Die Ereignisse des Zweiten Weltkriegs hatten anscheinend bei Bischoff (und wohl auch bei vielen Amtsträgern und Mitgliedern) das Verlangen nach der baldigen Wiederkunft Christi sehr stark vergrößert.

O. Güttinger beschreibt noch eine Reihe anderer Vorfälle: „Unser Stammapostel hat schon *vor* dem letzten Weltkrieg (1939-1945) gesagt, gelehrt, gepredigt: **Der Herr kommt vor diesem Krieg!** Als junger Bezirksevangelist habe ich dies damals geglaubt und in glühendem Eifer gepredigt. [...] Als während des Krieges die apostolischen Schriften nicht mehr gedruckt werden durften [...] da sagte der Stammapostel: ‚Diese Schriften werden nicht mehr erscheinen, der Herr kommt vorher.' [...] Als die deutschen Städte durch die Bombardierungen [...] größtenteils zerstört und damit auch ein Großteil der apostolischen Kirchen und Kapellen in Schutt und Asche gelegt wurden, da sagte der Stammapostel: ‚Diese Lokale werden nicht mehr aufgebaut; der Herr kommt vorher.' [...] Im Jahre 1947, als ich für zwei Jahre später nach Afrika eingeladen wurde [...], da sagte mir der Stammapostel: ‚[...] Bereiten Sie sich ruhig auf die Afrikareise vor. Ich aber denke, daß der Herr vorher kommt.' [...] Im Oktober des Jahres 1951 sagte Apostel Hahn zu einem einwandfreien Gewährsmann: ‚Sie werden es sehen und erleben, daß der Herr noch in diesem Jahre, dem Jahr 1951, kommen wird; das sagt und glaubt auch der Stammapostel.'"[285]

---

[284] Ebd. Kuhlen, am 1.8.1948 als Stammapostelhelfer ordiniert, zog sich am 25.11.1950 von diesem Auftrag zurück. Die Hintergründe hierzu, die allesamt mit dem Entstehen der „Botschaft" von J.G. Bischoff zu tun haben, sind in einem Dokument *Akten-Aufzeichnungen über die Gründe meines am 25. November 1950 erfolgten Rücktritts als Stammapostelhelfer und Nachfolger im Stammapostelamte* zu lesen. Dieses Dokument ist im Internet unter http://www.nakobserver.nl/magazine/Issue1/ zu finden.

[285] O. Güttinger, *Manifest über die Zustände und Tendenzen in der Neuapostolischen Gemeinde*, Zofingen 1954, S. 42f. Hervorhebung im Original.

In der zweiten Hälfte des Jahres 1951 vernimmt man dann auch in einem Gottesdienst etwas zu diesem Thema. Als Bischoff im Herbst 1951 in Luxemburg einen Gottesdienst hält, dient Bezirksapostel Rockenfelder mit: „Als die Zeit erfüllt war und der Herr den Erlöser senden wollte, konnte er nicht irgendeinen Menschen aus den vielen herausnehmen und ihn zu seinem Sohne machen. Er musste etwas völlig Neues schaffen. Jesus wurde aus seinem Geiste gezeugt [...]. So hat sich der Herr nicht eine Kirche unter den vielen erwählen und mit seinem Geiste erfüllen können; auch hier musste etwas völlig Neues geschaffen werden, nämlich die Gemeinschaft der Gotteskinder, die der Herr in unseren Tagen vollendet. Hier ist der Altar aufgerichtet im Gnaden- und Apostelamte, auf dem das Feuer des Heiligen Geistes brennt. Diese Offenbarungsstätte des Herrn ist nicht nur eine Stätte der Anbetung für uns, sondern der Ort, an dem sich erfüllt, dass der Herr unser Erlöser ist, der Platz, an dem wir gelehrt, geführt und geleitet werden. Halten wir uns zu dem, den der Herr uns gesetzt hat und dem er Macht und Auftrag gab, aufzuschließen und zuzuschließen, dem er den Auftrag gab, seine Schafe und seine Lämmer zu weiden, und der Gottes Volk **zur Vollendung führen wird**.“[286]

Am 25.12.1951 äußerte Bischoff sich dann zum ersten Mal selbst in einem Gottesdienst in Gießen: „Wie nun ein jeder zu seiner Zeit den

[286] *Stammapostel-Besuch in Luxemburg*, in: Unsere Familie, 12. Jg. Nr. 2, 20.1.1952, S. 31f. Hervorhebung von mir, ED. Wenn Rockenfelder in diesem Zitat über „aufschließen und zuschließen“ redet, bezieht er sich auf die Predigt des vor ihm mitdienenden Apostels Dauber, der sprach: „Die Größe des Stammapostelamtes liegt in den Worten Jesu: ‚Ich will dir des Himmelreichs Schlüssel geben: alles, was du auf Erden binden wirst, soll auch im Himmel gebunden sein und alles, was du auf Erden lösen wirst, soll auch im Himmel los sein.‘ Damit hat der Herr Jesus dem Stammapostel höchste Autorität verliehen, und wenn ich nun fragen würde, wo muß sich denn ein Mensch hinwenden, wenn er in den Himmel kommen will, dann gibt es darauf doch nur eine Antwort: ‚Zu demjenigen, der die Schlüsselgewalt zum Himmelreich besitzt.‘“ (*Stammapostel-Besuch in Luxemburg*, in: Unsere Familie, 12. Jg. Nr. 2, 20.1.1952, S. 30). Man beachte, dass es zu diesem Zeitpunkt noch keine Entschlafenengottesdienste in der NAK gab, diese aber kurz danach eingeführt wurden: Der erste fand am 6.7.1952 statt. Vgl. O. Güttinger, *Manifest*, S. 43.

göttlichen Auftrag durchführte und wie jeder seinen Auftrag der Zeit gemäß empfing, in der sich Gottes Ratschluß befand, so ist dies auch in unserer Zeit, die wir als die Vollendungszeit des Werkes Christi erkannt haben. Die von Jesus bezeichnete Mitternachtsstunde tritt in Erscheinung. Auf die Mitternacht folgt ein neuer Morgen. So hat auch das Volk Gottes die lebendige Hoffnung, daß nach der Mitternachtsstunde für das Volk des Herrn ein neuer Tag anbricht, der durch keine Nacht mehr abgelöst wird. Nun erhebt sich die Frage: ‚Wann wird das geschehen?' Tag und Stunde, meine Lieben, weiß niemand. Wenn aber der Sohn Gottes unsere Zeit geschildert hat und wenn wir heute die Erfüllung dieser Verheißungen durchleben, dann dürfen wir auch glauben, daß die Zeit da ist. Ich bin persönlich überzeugt, daß die Zubereitung des königlichen Priestertums in der Zeit erfolgt, in der ich noch vorhanden bin, und daß die Reichsgottesarbeit im Weinberg des Herrn mit mir ihr Ende erreicht, daß also der Feierabend kommt, an dem die Lohnauszahlung stattfindet. Es steht hierzu nicht mehr viel Zeit zur Verfügung, die Zeitspanne, die der Herr Jesus als elfte Stunde bezeichnet, ist bald vorüber. Wir wollen, wenn der Herr kommt, nicht zu der Schar zählen, die wie die Jünger einst der Himmelfahrt Jesu nachsehen, wir wollen dabei sein. Abraham war das erste Tor, durch das Gott den Segen gab. Ich stehe als Tor in der Mitternachtsstunde und wir erwarten den neuen Tag, der durch keine Nacht mehr abgelöst wird. Ob das jemand glaubt oder nicht, hat auf die Tatsachen keinen Einfluß. Ich habe die Aufgabe, das Volk des Herrn auf den Tag Christi zuzubereiten. [...] Als die Zeit gekommen war, in der Vater Niehaus dienstunfähig wurde, mußte ich die Führung übernehmen, aber nicht mehr, um noch viele Jahrzehnte in der Zubereitung des königlichen Priestertums zu wirken oder einen Fortgang dieser Arbeit für die nächsten Jahrhunderte vorzubereiten, das ist ausgeschlossen. Ich bin der Letzte. Der Herr wird zu meiner Zeit kommen, die Seinen mit sich zu nehmen. Es ist mir persönlich eine große Freude und Genugtuung, daß wir dahin gelangt sind, eine so deutliche Sprache des Geistes Christi zu hören. Wer sich auf irgendeine Weise noch umzustellen hat, der tue es so schnell wie möglich, damit es nicht zu spät für ihn wird." Bezirksapostel Rockenfelder unterstützte das von Bischoff Gesagte wie folgt: „Es fällt mir nicht schwer, zu glauben, was der Stammapostel sagt. Ich konnte es glauben schon als

Kind. Ich erinnere mich einer Stunde, da ich mit meinem Vater spazieren ging. Damals war ich ein Junge von 10 Jahren. Mein Vater setzte sich auf eine Bank und ich stand zwischen seinen Knien. Da sagte mir mein Vater: ‚Mein Junge, unser Apostel (der heutige Stammapostel) wird einmal Stammapostel werden. Und wenn er Stammapostel ist, dann ist er es, der Gottes Werk zu Ende führt.' Ich fragte: ‚Vater, woher willst du das wissen, wer hat dir das gesagt?' Er gab zur Antwort: ‚Der Herr hat es mir offenbart.' Das war im Jahr 1914, als noch niemand von uns an eine solche Entwicklung dachte."[287] Welch ein unvorstellbarer Zufall, dass dieser kleine Junge 1951, also 37 Jahre später, als Bezirksapostel diente und gerade in diesem Gottesdienst, nach diesen gesprochenen Worten des Stammapostels Bischoff, zum Mitdienen gebeten wurde. Eine wunderbare Lenkung Gottes? Oder wusste Bischoff zuvor um die Gedanken Rockenfelders, war es ein vorab einstudierter Doppelpass? Der Leser darf sich seine eigenen Gedanken machen.

Nur wenige Mitglieder der HAGEA hatten die Zeitschrift *Unsere Familie* abonniert. Viele aber konnten schon Mitte Januar 1952 im niederländischen, 14-tägig erscheinenden HAGEA-Blatt *Orgaan* Folgendes lesen: „Jetzt stehen wir aber heutzutage nicht mehr in der Anfangszeit, sondern in der Zeit, worin der Herr vollendet, was Er

[287] *Gießen*, in: Unsere Familie, 12. Jg. Nr. 5, 5.3.1952, S. 101f. In einem *Bericht über den von Stammapostel Bischoff in Gießen gehaltenen Gottesdienst Weihnachten 1951*, o.O. o.J. (moderne maschinenschriftliche Abschrift), S. 3ff., ist der Wortlaut bei einigen Sätzen etwas anders, und etliche andere Sätze sind hinzugefügt worden, aber die Essenz der gesprochenen Botschaft ist zu 100% identisch. Die Vorgeschichte und die Folgen dieser „Botschaft" sollten unbedingt auch von unabhängigen Sachkundigen durchleuchtet werden. Stammapostel Fehr schrieb zu diesem Thema am 12.6.1996 an Dr. Erwin Meier-Widmer, Schaffhausen: „Ich sage Dir, dass das einstige Geschehen durch menschlichen Verstand und Wissenschaft **niemals ergründet** werden kann. Alles Grübeln, Tüfteln und Forschen führt zu keinem schlüssigen Resultat." Aber: Solange die Neuapostolische Kirche sich weigert, ihre Archive zu öffnen, ist es unseriös zu behaupten, dass diese „Botschaft" niemals ergründet werden könne. Vielmehr scheint diese Verweigerung darauf hinzuweisen, dass die Archiven Unterlagen enthalten, durch die der menschliche Verstand und die Wissenschaft gerade einen sehr viel besseren Einblick in die „Botschaft" erlangen könnten.

einmal angefangen hat. *Deshalb sehen wir in der Gegenwart in unserem Stammapostel nicht nur derjenige, wovon gesagt werden kann: ‚Er ist der Größte aus Frauen geboren', sondern wir können von ihm bezeugen: ‚Er ist der Größte aller, die aus dem Geiste wiedergeboren sind und er ist es, der heutzutage den Weg bereitet.' Er ist es, der uns an die Hand genommen hat, um uns dem Herrn zugegen zu führen, der diesesmal nicht kommen wird um in einem irdischen Gewand einen Anfang mit seinem Werk zu machen, sondern der wie einen Verherrlichten und gen Himmel Aufgefahrenen in einem himmlischen Kleid niederfahren wird, um diejenigen zu sich zu nehmen, die durch die Arbeit Seines Geistes zubereitet sind.* [...] (Aus Wächterstimme)."[288]

Laut eigener Aussage erfuhr Kamphuis zum ersten Mal von dieser „Botschaft", als er die Februar-Ausgabe (1952) der Zeitschrift *Unsere Familie* las.[289] Er fing unmittelbar danach an, diese „Botschaft" zuerst „in die Herzen der Diener hineinzulegen, damit sie in Glauben diese Botschaft auch in den Gemeinden verbreiten konnten."[290] Er schreibt am 1.4.1952 an Bischoff: „Infolge der traurigen Vergangenheit war es sehr schwer für manchen in der Wiederkunft unsres Herrn zu glauben, sogar bei manchen Aemtern fehlte der Glaube. [...] Bei letzteren gab es wieder Schwierigkeiten wo es galt zu glauben in dem baldigen Erscheinen des Herrn. Aber Ihre Aussage, dass der Herr Jesus bei Ihrem Leben wiederkommen wird und Sie daher der letzte Stammapostel seien, der den Auftrag hat, das Gottesvolk zum Ziele zu führen, hat hier und dort Zweifel entstehen lassen."[291] In den darauf folgenden Monaten erwies sich, dass es neben den Zweiflern auch

---

[288] *Voorlopers van de Zoon Gods. Ter gelegenheid van 2 Januari 1952*, in: Orgaan ter bevordering van het geloofsleven der Hersteld Apostolische Gemeente in de Eenheid der Apostelen in Nederland, 58. Jg. Nr. 2, 15.1.1952, S. 12, 14. Hervorhebung im Original.

[289] Vgl. G. Kamphuis, *Strubbelingen in het Werk Gods in Nederland, welke hebben geleid tot de oprichting van de ‚Nieuw Apostolische Kerk'*, Apeldoorn 1954, S. 2f.. Unklar ist, ob Kamphuis hiermit die Unsere Familie. Nr. 2 vom 20.1.1952 oder Nr. 5 vom 5.3.1952 meint. In den zwischenzeitlichen Ausgaben gibt es meines Erachtens keine klaren Aussagen zu dem Thema „Botschaft".

[290] G. Kamphuis, *Strubbelingen*, S. 3.

[291] *Gedeelte van een brief dd. 1 April 1952 van Apostel Kamphuis aan de Stamapostel*, o.O. 1952, S. 1. Grammatikfehler im Original.

völlig hiervon überzeugte Amtsträger gab. Diese waren der Meinung, dass Kamphuis die „Botschaft" nicht deutlich genug predigte, und da sie gute Kontakte zu einigen deutschen Aposteln hatten, offenbarten sie ihre Beschwerden sogar persönlich dem Stammapostel. „Durch die ihnen gewährte Unterstützung wurden die Ankläger immer vorlauter und aggressiver, und bei der geringsten Kleinigkeit, die sich ereignete, drohten sie, dem Stammapostel zu schreiben oder zu ihm zu gehen."[292]

Die Ankläger urteilten wesentlich anders: „Im Januar 1952 kamen wir aus dem Auslande mit dem erfreulichen Bericht bezüglich der Botschaft unseres Stammapostels, welche dort schon lange bekannt war.[293] Mit dieser Botschaft gingen wir zu unserem Bezirksamt, welches uns versprach, darüber mit dem Apostel zu sprechen. Nach einiger Zeit folgte die Mitteilung: ‚Vorläufig nicht darüber sprechen', - ja es wurde sogar gesagt: Obendrein steht bereits in einem Lied: Warte doch, bis der APOSTEL-MUND Euch zuruft: Seht Er kommt, dies im Gegensatz zu dem Stammapostel-Mund. In einer Ämterversammlung wurde gesagt: Wir sind hier in Holland und nicht in Deutschland. Enttäuschung in unseren Herzen; jedoch auch wir haben gekämpft, um den Stammapostel in der richtigen Weise zu besitzen und somit warteten wir. Bei einem persönlichen Gespräch mit dem Apostel hörten wir: Haltet Ihr es für nötig, dass solch eine Botschaft gebracht wird; wenn ich doch glaube, dass der Herr bald kommt, genügt das doch? [...] Wir warteten bis Juni 1952 und am 9. Juni baten wir den Stammapostel um eine Unterhaltung, welche Er uns gewährte. Wir haben Ihn gefragt, ob Er mit unserem Apostel sprechen wollte und das versprach Er und hat dies getan.[294] Er hat uns angehört und zwei Stunden lang mit uns gesprochen, ohne uns irgend einen Weg anzuweisen. [...] überliess uns selbst die Wahl, was wir tun müssten. Wohl stellte Er uns eine Frage, die uns damals noch fremd vorkam, doch die wir heute voll und ganz verstehen nämlich: ‚HEISST IHR DA

---

[292] G. Kamphuis, *Strubbelingen*, S. 3f.

[293] Wie ist dieses „lange" zu deuten? Zwischen Weihnachten 1951 und Januar 1952 lag ja höchstens ein Monat. Oder war die „Botschaft" im engeren Kreis schon länger zuvor „vorbereitet" worden?

[294] Und zwar schon am 14.6.1952 in Düsseldorf, vgl. G. Kamphuis, *Strubbelingen*, S. 3.

BEI EUCH NOCH IMMER NICHT NEU-APOSTOLISCH?'"[295] Sonderbar in diesem Bericht ist, dass der Stammapostel den anklagenden Brüdern nicht „einen Weg anwies“ und ihnen „selbst die Wahl“ überließ. Da Bischoff sich mit diesen vagen Aussagen nicht 100%-ig hinter Kamphuis stellte, hieß er den offensichtlichen Ungehorsam der Ankläger gut.

C. Versteeg, Bezirksevangelist und Vorsteher in Hilversum, schrieb später in seiner *Toelichting* (*Erläuterung*), dass die von Kamphuis so genannten Ankläger nicht aus eigener Initiative handelten, sondern dass sie „aus dem Ausland einen Auftrag bekommen hatten, gegen Apostel K a m p h u i s zu agitieren [...]. Alles was er sagte, wurde bis ins Extreme kritisiert, und alles was er tat, wurde von diesen Personen in ein falsches Licht gestellt. Das unwürdige Vorgehen dieser rebellierenden Brüder, angeführt durch W.C. van Asperen [...] (Hirte in Utrecht), A.H. Groen (Hirte in Den Haag) und Rudolf Bijl (Priester in Ede) wurde gestützt und gestärkt durch einige Apostel aus Deutschland, insbesondere durch Walter Schmidt, den späteren Stammapostel, Georg Rockenfelder aus Wiesbaden, Fritz Bischoff aus Frankfurt/Main und sicherlich auch durch Chrétien Dauber aus Frankreich. [...] Durch öffentlichen Ungehorsam gegenüber dem ihnen durch den Stammapostel gegebenen Apostel, durch heimtückisches Geflüster und Getuschel, durch maßlose Brutalität und durch vielerlei Sorten Insubordination versuchte man alles, einen derartigen Druck auf Apostel Kamphuis auszuüben, damit er den Beschluss fassen würde, sein Amt (so genannt ‚freiwillig‘) niederzulegen.“[296]

Dies war Anfang 1954 noch nicht der Fall. Alle Bezirksämter standen hinter Kamphuis. Sie entschlossen sich zu einem höchst ungewöhnlichen Schritt und verfassten einen Brief an den Stammapostel, datiert Amsterdam, 25.1.1954. „Herzlich lieber Stammapostel, Wir, Bezirksämter, sich in Einheit zusammen befindend

---

[295] *Brief W.C. van Asperen und R.J. Bijl an Apostel T. Bischoff*, 19.3.1954, S. 11. Maschinenschriftliche Abschrift. Grammatikfehler und Hervorhebung im Original.

[296] C. Versteeg, *Toelichting*, o.O. o.J., S. 1-2. Versteeg schreibt versehentlich „Georg Rockenfelder“, meint aber den Bezirksapostel Gottfried Rockenfelder.

in Amsterdam am Montagabend, den 25. Januar 1954, wir haben uns am höchsten verwunderd zu hören, dass drei Brüder [wahrscheinlich Van Asperen, Groen und Bijl] in einer Versammlung der Bezirksapostel (in Frankfurt a.M.) gesprochen haben von in den holländischen Gemeinden herrschenden Zustände und Verwicklungen, wovon uns persönlich nichts bekannt ist."[297] Der Brief wurde von Bischof W. Kröner, den Hilfsbischöfen T. Bischoff und A.K.N. Versteegh, den fünf Bezirksältesten und den sechs Bezirksevangelisten unterzeichnet. Kein Name fehlte. Vier Tage später schrieben die niederländischen Vorsteher an Bischoff. „Herzlich geliebter Stammapostel, Schon seit einigen Jahren wird unser Apostel in Verdacht gebracht durch zwei Brüder (Vorsteher) aus Holland, er sollte mit dem Stammapostel nicht innig verbunden sein. In Hinsicht darauf erklären wir sehr nachdrücklich, dass dieses aus der Luft gegriffen und ohne Grund ist. IM GEGENTEIL: Unser Apostel hat erstens bei der Trennung in 1946 den Beweisz geliefert, ungeachtet was für ihn daraus kommen könnte, dass die Verbindung mit dem Stammapostel für ihn das Höchste war. Weiter hat er in der Zeit, dass er durch den Stammapostel als Apostel beauftragt worden ist nur gespeist mit dem, was er von seinem Stammapostel erhalten hat. Weiter hat er die Botschaft vom Kommen des Herrn zu Ihrem Lebzeit in unsre Herzen gestaltet. Infolgedessen stehen auch wir heute in dem herrlichen grossen Glauben, der uns glücklich und seelig macht, und wir machen ihn gross und stärk in den Herzen unserer Brüder und Geschwister."[298] Alle Vorsteher

G. Kamphuis

[297] *Brief der Bezirksämter an Stammapostel J.G. Bischoff*, 25.1.1954. Maschinenschriftliche Abschrift. Grammatikfehler im Original.

[298] *Brief der Vorsteher an Stammapostel Bischoff*, 28.1.1954, S. 1. Maschinenschriftliche Abschrift. Hervorhebung und Grammatikfehler im Original.

oder stellvertretende Vorsteher unterzeicheten (78 Gemeinden, 66 Vorsteher), außer zwei, deren Gemeinden auf der Liste fehlen: Utrecht II (Vorsteher Hirte W.C. van Asperen) und Ede (Vorsteher Priester R.J. Bijl).

Kamphuis bat Bischoff im Januar 1954 um einen Gehilfen, der mit ihm zusammen als Apostel in den Niederlanden arbeiten sollte. Er erhoffte sich vermutlich, dass ein zusätzlicher Apostel akzeptabler für die rebellierenden Amtsträger (und die hinter ihnen stehenden deutschen Apostel) sein würde. Der Hilfsbischof T. Bischoff (nicht verwandt mit dem Stammapostel) wurde am 28.2.1954 als Apostel ordiniert. Obwohl T. Bischoff in Hoogezand (Provinz Groningen, ganz im Norden der Niederlande) wohnte, wurden ihm nicht zufällig die drei Zentrum-Unterbezirke anvertraut, wozu unter anderem die Gemeinden 's-Gravenhage, Utrecht und Ede gehörten. Die Situation änderte sich hierdurch jedoch nicht. Am 28.3. war Stammapostel Bischoff in Luxemburg und hielt dort einen Gottesdienst.[299] Die niederländischen Apostel waren dazu nicht eingeladen. Gekommen waren stattdessen die „Brüder, die die Apostel aus den Niederlanden, besonders den Bezirksapostel angeklagt hatten [...]. Wer sie zur Teilnahme an diesem Gottesdienst eingeladen hatte, war damals bei den Aposteln in den Niederlanden unbekannt. Was nach dem Gottesdienst zwischen den dort anwesenden ausländischen Aposteln und den Anklägern aus den Niederlanden besprochen wurde, hatte zur direkten Folge, dass sie den Apostel Tj. Bischoff, unter dessen Führung diese Amtsträger standen, beseitigt und abgewiesen haben. Gänzlich ohne Wissen der Apostel der Niederlande hatten die Amtsträger schon alle Vorkehrungen zur Errichtung der N.A.K. getroffen, und unmittelbar nach den obengenannten Zusammenkünften in Luxemburg wurden diese zur Durchführung gebracht."[300] Die Handlungsweise war folgende: Am Donnerstag, dem 1.4., errichteten Van Asperen, Bijl und Groen bei einem Notar die „Nieuw-Apostolische Kerk" als eine „vereniging van personen" (Vereinigung von Personen), für die dieser Notar am selben

---

299 In der Zeitschrift *Unsere Familie* ist über diesen Gottesdienst kein Bericht erschienen.

300 *Mededeling van Apostel Kamphuis*, in: De zevende Bazuin, 1. Jg. Nr. 3, 1.1.1956, S. 18f.

Tag eine königliche Genehmigung beantragte.[301] Am 3.4. schrieben diese drei Brüder: „Wir sandten Apostel Bischoff ein Dokument über alle Widerwärtigkeiten der letzten Jahre, und haben alles in seine Hände gelegt. Gross war aber unsere Enttäuschung, als am letzten Samstag in der Ämterversammlung keine heilende, sondern zerteilende Arbeit verrichtet wurde. Grösser noch war die Enttäuschung dass dieser Apostel sich auf die Seite stellte derer die in der vergangenen Zeit eine eigene Meinung behielten im Gegensatz zum Stammapostel. Dass die Einsetzung von Apostel Kamphuis nicht geschehen ist im Sinne und Geist des Herrn in unserm Stammapostel, erweist sich darin, dass der Stammapostel etwa im Juni 1950 davor gewarnt hat. Dennoch behauptete Apostel Bischoff in der Ämterversammlung dass der Stammapostel dieses wohl genehmigte. Man kann nicht streiten über die Fragen ob Apostel Kamphuis ein Apostel ist, so auch Apostel Bischoff, und alle heutigen und vorherigen. Aber ein Apostel kann nur Apostelarbeit verrichten, indem er hundertprozentig mit dem Geist des Stammapostels verbunden ist."[302] Es war klar, dass T. Bischoff sich nicht gegen Kamphuis, der 1948 im Auftrag von Stammapostel Bischoff durch E. Güttinger ordiniert worden war, ausspielen lassen wollte. Mittlerweile waren aber sowohl Vater als Sohn Güttinger bei Stammapostel Bischoff in Ungnade gefallen.[303] Außerdem hatte E. Güttinger 1948 bei der Ordination von Kamphuis behauptet, „alle [mit dem Stammapostel] <u>verbundenen</u> Apostel <u>bilden den Stamm</u>, und daraus wachsen die Kronen und Ämter." Laut den Anklägern könnte dies nicht falscher sein: „Das widerspricht vollkommen der Lehre des Stammapostels. Nicht die Apostel bilden den Stamm; das ist der Stammapostel. Daraus wachsen die Ämter."[304] Van Asperen, Bijl und

---

[301] Vgl. das Vorwort zu den *Statuten der Nieuw-Apostolische Kerk in Nederland*, 9.9.1954. Eine „vereniging van personen" ist eine niederländische Organisationsform. Die Vereinigung ist zwar handlungsfähig, hat aber nicht den gesetzlichen Status einer juristischen Person.

[302] *Brief von W.C. van Asperen, R.J. Bijl, A.H. Groen und viele andere*, Utrecht, 3.4.1954, S. 3. Maschinenschriftliche Abschrift. Grammatikfehler im Original.

[303] Vgl. O. Güttinger, *Manifest über die Zustände und Tendenzen in der Neuapostolischen Gemeinde*, Zofingen 1954.

[304] *Brief von W.C. van Asperen, R.J. Bijl, A.H. Groen*, S. 4. Hervorhebung und Grammatikfehler im Original.

Groen wollten nur noch eines: „Weil sich nun herausstellte, dass man beharrt auf der eigenen Meinung und auch der Apostel Bischoff sich vollkommen schart an jener Seite, so ist es uns unmöglich weiter zu gehen und müssen wir uns setzen unter der direkten Versorgung unseres Stammapostels. Wir tun solches und versammeln uns als die NIEUW APOSTOLISCHE KERK in Nederland [...]. Damit stehen wir dann in vollkommener Verbindung mit unserm Stammapostel, der das Haupt ist von allen Neu-Apostolischen Kirchen über die ganze Welt. [...] Nochmal wiederholen wir und haben den Beweis geliefert durch alles in Händen zu legen des Apostels Bischoff, dass wir von ganzem Herzen ihn hatten und haben angenommen, aber weil nun sich herausstellt dass auch er nicht im Sinn und Geist des Stammapostels offenbar kommt, bleibt uns keinen andern Weg als den zu gehen, welchen wir oben umschrieben haben. Den Stammapostel haben wir ersucht uns bald wie möglich einen Apostel senden zu wollen der in Treue an ihn verbunden ist, um unter dieser Führung uns zu scharen und also vollendet können zu werden [...].“[305] Und schließlich wurde einen Tag später, am Sonntagmorgen, dem 4.4., ein Gottesdienst gehalten, „der nur für Mitglieder, die zu dieser Gemeinde gehörten, zugänglich war, ebenso für einige eingeladene Mitglieder anderer Gemeinden. Weder die Bezirksämter noch die Apostel der Niederlande wussten von diesen Maßnahmen.“[306] Dem Bezirksältesten, der laut Dienstplan den Gottesdienst leiten sollte, wurde der Zutritt verweigert. Als es zu Handgreiflichkeiten kam, ging er.

Man sollte denken, dass auf den Brief von Van Asperen, Bijl und Groen vom 3.4. nur eine Antwort des Stammapostels Bischoff möglich war: „Liebe Brüder, ich habe Apostel T. Bischoff selbst ordiniert. Er steht 100%-ig in der Nachfolge. Nichts von dem, was ihr dem Bezirksapostel Kamphuis vorwerft, trifft auf Apostel Bischoff zu. Haltet euch an ihn und zerbrecht nicht die Einheit!“ Stammapostel Bischoff gab diese Antwort nicht. Stattdessen berief er eine Kommission, die aus den Aposteln F. Bischoff, F. Hahn, G. Hermann,

---

[305] Ebd., S. 4f. Hervorhebung und Grammatikfehler im Original.

[306] *Mededeling van Apostel Kamphuis*, in: De zevende Bazuin, 1. Jg. Nr. 3, 1.1.1956, S. 19. In welcher Gemeinde dies geschah, erwähnt Kamphuis nicht. Vermutlich war es entweder Utrecht oder Ede.

W. Schmidt und G. Volz bestand. Die Kommission sprach am 13.4. mit Apostel T. Bischoff, Bischof Kröner und Hilfsbischof Versteegh und am 15.4. mit den Hirten Van Asperen und Groen und dem Priester Bijl. Das Ergebnis: „Nach reiflicher Überlegung und im Aufsehen zu dem Anfänger und Vollender unseres Glaubens hat die Kommission nachstehenden Beschluss verfasst: Es ist ganz und gar zu verteidigen, dass in den Niederlanden [...] diese beiden Gruppen mit demselben Ziele neben einander bestehen können. Ein lehrreiches Beispiel bietet uns der Vorfall unter dem alten Volk Israels, der zu einer Spaltung in den beiden Reichen Israel und Juda führte [...] In Einklang mit diesen Beispielen können beide Gruppen in den Niederlanden eine Lehre, ein Ziel und ein Haupt haben [...] Allen Amtsbrüder und Geschwister in den Niederlanden wird die freie Wahl gelassen, zu welcher der beiden Gruppen sie gehören möchten."[307] Die Rebellion wurde also belohnt, die eigenmächtige Gründung der Nieuw Apostolische Kerk in Nederland nicht verurteilt und (da jedem Mitglied die freie Wahl gelassen wurde, welcher Kirche er/sie angehören wollte) den beiden niederländischen Aposteln ein „Dolchstoß" in den Rücken gegeben. Die Spaltung wurde also gutgeheißen. Die Frage des Stammapostels (vom 9.6.1952: „HEISST IHR DA BEI EUCH NOCH IMMER NICHT NEU-APOSTOLISCH?") war beantwortet worden.

Kamphuis hat sich von diesem „Dolchstoß" nicht mehr erholt. Am 14.8.1954 verabschiedet er sich in den Ruhestand. Am 9.11. schreibt er einen Brief an Stammapostel Bischoff mit einer siebzehnseitigen Beilage,[308] in der er nochmals beschreibt, was so alles in den Jahren 1952 bis 1954 geschehen ist. Nach dem Lesen dieser Beilage fragt man sich, wie es so weit kommen konnte, dass ein Mann, der dem Stammapostel inniglich treu verbunden war, der von allen Bezirksämtern und 95% der Vorsteher vorbehaltlos akzeptiert und unterstützt wurde, dann doch durch eine Rebellion einiger priesterlicher

---

[307] *Beschluss vom 15.4.1954*, Beilage zu dem Brief von G. Kamphuis und T. Bischoff, 24.4.1954, S. 3. Maschinenschriftliche Abschrift. Apostel W. Schmidt übernahm die Versorgung der Mitglieder der Nieuw Apostolische Kerk in Nederland.

[308] *Strubbelingen in het Werk Gods in Nederland, welke hebben geleid tot de oprichting van de ‚Nieuw Apostolische Kerk'.*

Amtsträger aus seinem Amt gedrängt werden konnte. Er muss mächtige Feinde im Apostelkreis gehabt haben.

Mittlerweile gab es unter den Amtsträgern und Mitgliedern, die T. Bischoff folgten, auch solche, die mit der „Botschaft“ ihre Probleme hatten. Diese wollten keinesfalls die Lehre der baldigen Wiederkunft Christi ablehnen, empfanden aber eine Festlegung dieser Wiederkunft auf einen gewissen Zeitabschnitt (zu Lebzeiten Bischoffs) als unbiblisch. Am 12.9.1954 hatte es in Stuttgart eine Apostelversammlung gegeben, bei der erörtert wurde, ob der Glaube an die „Botschaft“ unabdingbare Voraussetzung für die Heilige Versiegelung sein sollte. Zu einem endgültigen Beschluss kam es zwar nicht, dennoch wurde dort deutlich, dass die meisten Bezirksapostel und Apostel hinter einer solchen Voraussetzung standen. Nur der Bezirksapostel Kuhlen (Apostelbezirk Düsseldorf) und die in seinem Bezirk tätigen Apostel Dehmel und Dunkmann sahen dies differenzierter. Kuhlen merkte an: „[...] ich will und kann keinen Amtsbruder zwingen, die Botschaft zu verkündigen, daß der Herr zu Lebzeiten des Stammapostels wiederkommt, weil bei einem solchen Zwang die Gefahr besteht, daß die Brüder aus Angst, oder der Form nach, oder aus Augendienerei solches predigen. Ich will aber auf keinen Fall Heuchler hinter dem Altar haben [...].“[309] Auch unter niederländischen Mitgliedern wurde der Ruf lauter, dass Amtsträger nicht verpflichtet werden sollten, die „Botschaft“ in jedem Gottesdienst und als Basis jeder Predigt zu verkünden. Als Kuhlen, Dehmel und Dunkmann am 23.1.1955 vom Stammapostel ihrer Ämter enthoben und exkommuniert wurden,[310] wurden in „den südlichen Bezirken [der Niederlande] Stimmen laut, die HAGEA vom Stammapostel loszulösen [...]. Tjark Bischoff reagiert mit harter Hand. [...] In einer Versammlung

---

309 P. Kuhlen, *Nachdenkliches über die Botschaft*, S. 14f.

310 Vgl. für die teils haarsträubende Vorgeschichte hierzu P. Kuhlen, *Ereignisse in der Neuapostolischen Kirche, die zur Gründung der Apostolischen Gemeinde geführt haben*, o.O. [1955]. Zur Entstehungs- und Entwicklungsgeschichte der Apostolischen Gemeinschaft vgl. H. Obst, *Apostel und Propheten der Neuzeit*, S. 208-228.

führender Amtsträger droht er, dass diejenigen, die die Botschaft nicht verkünden, ihres Amtes enthoben werden sollen.“[311]

Keinen Monat später entlud sich dann die angespannte Situation. Am Dienstag, dem 8.2., hatten Bischof W. Kröner und Bezirskältester J.F. Kröner (beide aus Amsterdam) eine Unterredung mit T. Bischoff. Dieser verlangte unbedingten Gehorsam in der Sache „Verkündung der ‚Botschaft'“. Er konnte wohl auch nicht anders, da schon geringste Zweifel an seiner Rechtgläubigkeit seinen eigenen Amtsauftrag womöglich direkt gefährdet hätten. Die beiden Bezirksämter konnten dies mit ihrem Gewissen nicht vereinbaren. Am Freitag, dem 25.2., untersagte T. Bischoff diesen beiden Brüdern, dem Amsterdamer Hirten J. Bos und noch anderen Priestern, ab sofort Gottesdienste zu halten. Dasselbe Schicksal traf den Bezirksevangelisten B.C. Smit aus Arnhem. Am Samstag, dem 5.3. hatte Bischof W. Kröner (vermutlich ohne Zustimmung von T. Bischoff) alle Amtsträger der HAGEA nach Utrecht eingeladen. Etwa 200 waren gekommen. „Da haben wir eine Erläuterung bekommen bezüglich der Probleme, die in unserem Werk durch die Botschaft des Stammapostels entstanden sind.“[312] T. Bischoff reagierte mit einem Rundschreiben, das am nächsten Tag in allen Gemeinden verlesen werden musste: „Man hatte sich schon lange losgelöst vom Haupt, unserem Stammapostel.“ Smit und W. Kröner gründeten wiederum einen Tag später die Apostolische Stichting (Apostolische Stiftung, kurz AS)[313]. In Utrecht durften mittlerweile der Hirte S.D. Slothouwer und fünf weitere Amtsträger ebenfalls nicht

---

[311] M.J. Tang, *Het apostolische Werk in Nederland*, S. 73.

[312] Undatierter *Brief von B.C. Smit*, zwischen 6.3. und 12.3.1955 geschrieben.

[313] Bis zum 6.8.1955 war der Name: Stichting tot steun van allen (zowel in als buiten Nederland wonende), die de Hersteld-Apostolische gedachte, neergelegd in de grondslag van de Hersteld-Apostolische Gemeente in de Eenheid der Apostelen in Nederland, wensen te bevorderen (Stiftung zwecks Unterstützung aller (sowohl innerhalb als auch außerhalb den Niederlanden wohnend), die den Wiederhergestellt-Apostolischen Gedanken, festgelegt im Fundament der Wiederhergestellt-Apostolischen Gemeinde in der Einheit der Apostel in den Niederlanden, zu fördern wünschen). Ab dem 6.8. wurde der Name Apostolische Stichting verwendet.

mehr in den Gemeinden predigen. Auch sie wandten sich dieser Apostolische Stichting zu.

In diesen verwirrenden Tagen teilte der Stammapostel mit, dass er am 1.5. in Utrecht einen Gottesdienst abhalten wolle. Im großen Saal der „Jaarbeurs" in Utrecht hatten sich 5000 Mitglieder versammelt, die zur HAGEA, zur Nieuw Apostolische Kerk in Nederland (kurz NAK-NL) und zur AS gehörten. Stammapostel Bischoff sagte dort: „Dann kann ich euch weiter mit Freude berichten, dass die Einheit der Apostel, wofür Jesus damals betete, schon vorhanden ist. Ich befinde mich jetzt in einem Kreis von 43 Aposteln, die dem Herrn treu und mir aufs Engste verbunden sind. Die durch Jesus vom Vater erbetene Einheit ist jetzt buchstäblich vorhanden. Das Größte, an dem wir teilhaben konnten, ist jetzt erfüllt worden. Dutzende Jahre habe ich versucht, diese Einheit zustande zu bringen, jetzt ist es gelungen. [...] Wir sollten nicht vergessen, dass, wie gesagt, mit gegensätzlichen Mächten zu rechnen ist. Das folgende schöne Wort kann uns dabei zum Trost dienen: Wer da fährt zum hohem Ziel, lern am Steuer ruhig sitzen, unbekümmert, ob am Kiel Lob und Tadel hoch aufspritzen. Wenn ich daran denke, welche Hindernisse und Schwierigkeiten ich im Laufe eines halben Jahrhunderts habe durchleben müssen, hätte ich den Mut verlieren können. Aber das Gegenteil ist der Fall. [...] Dann kam die Zeit, dass der Sohn Gottes mich hat wissen lassen, dass Er während meines Lebens kommt. Meine geliebten Brüder und Schwestern, daran kann man nichts ändern. Ob dies von vielen oder wenigen geglaubt wird, verändert nicht im Geringsten den Ratschluss und Heilsplan Gottes. [...] Von ganzem Herzen freuen wir uns darüber, dass der liebe Gott uns diesen Einblick in Seinen Heilsplan sehen ließ und uns dadurch bekannt gemacht hat, dass die Zeit unseres Heimholens immer näher rückt und bald vollendet ist [...]. Ob es jetzt einige gibt, die sich hierüber ärgern oder ihren Unglauben in allerlei Schriften äußern, für uns ändert sich hierdurch nichts."[314] Es war seltsam und nicht gerade taktvoll, Bischoff über eine jetzt vorhandene Einheit im Apostelkreis reden zu hören. Kamphuis war neun Monate zuvor in den Ruhestand

---

[314] *Verslag van de Stamaposteldienst op 1 Mei 1955 te Utrecht, waarbij ook aanwezig waren Apostel Fr. Bischoff en Apostel T. Bischoff*, S. 3ff.. In der Zeitschrift *Unsere Familie* wurde nicht über den Gottesdienst berichtet.

gegangen, drei Apostel aus dem Bezirk Düsseldorf waren gerade drei Monate zuvor ihrer Ämter enthoben worden. Dasselbe war mittlerweile auch in Südafrika mit zwei Aposteln geschehen. Auch wusste Bischoff, dass unter seinen Zuhörern alles andere als „Einheit“ herrschte. Diejenigen, die vielleicht um versöhnende Worte gebetet oder darauf gehofft hatten, wurden bitter enttäuscht. Ein Vorsteher der HAGEA, der einen Tag nach diesem Gottesdienst sein Amt zurückgab, schrieb an T. Bischoff: „Wir erhofften, dass der Besuch des Stammapostels am 1. Mai Rettung bringen würde. Der Stammapostel behauptete aber am 1. Mai, dass jetzt die durch ihn bewirkte Einheit besteht! Dies ist ein Widerspruch zu den Fakten, denn niemals zuvor gab es unter den Kindern Gottes eine solche Zerrissenheit wie jetzt.“[315] Die Mitglieder und Sympathisanten der AS erfuhren in diesem Gottesdienst nichts, was sie hätte veranlassen können, zu bleiben. Mehrere hundert Mitglieder verließen die HAGEA in den nachfolgenden Wochen und Monaten und wandten sich der AS zu.[316]

Die Jahre bis 1960 waren dann in der HAGEA relativ ruhig. Durch den Weggang der NAK-NL und AS war ihre Mitgliederzahl auf schätzungsweise 4000 bis 5000 gesunken. Stammapostel Bischoff erkrankte nach Ostern 1960 und starb am 6.7.1960 in einem Krankenhuis in Karlsruhe. Am 7.7. versammelten sich 28 Apostel in Frankfurt/Main und wählten einstimmig Bezirksapostel Walter Schmidt zum neuen Stammapostel. Kein kleines Problem gab es dort zu meistern, hatte doch Bischoff am 25.12.1951 unmissverständlich gesagt: „Ich bin der Letzte. Der Herr wird zu meiner Zeit kommen, die Seinen mit sich zu nehmen.“[317] In dem Schreiben, in dem sie den neuapostolischen Mitgliedern den Tod Bischoffs mitteilten, wurde das Problem wie folgt gelöst: „Sowohl er [Bischoff] wie auch wir und alle

---

[315] *Brief R.P. Vlaardingerbroek an T. Bischoff*, 2.5.1955.

[316] Vgl. das Kapitel „Apostolische Stichting - Apostolische Geloofsgemeenschap 1955-1971“.

[317] *Gießen*, in: Unsere Familie, 12. Jg. Nr. 5, 5.3.1952, S. 102. Dies ist selbstverständlich nur eine von buchstäblich Hunderten ähnlicher Aussagen, die sich in den Jahren zwischen 1952 und 1960 in den neuapostolischen Schriften finden lassen. Viele dieser Aussagen findet man in K.-E. Siegel, *Die Botschaft des J.G. Bischoff*, Stuttgart 1994.

mit ihm treu verbundenen Brüder und Geschwister haben niemals daran gezweifelt, daß der Herr die ihm gegebene Verheißung zur gegebenen Zeit auch erfüllen würde. Wir stehen deshalb vor dem unerforschlichen Ratschluß unseres Gottes und fragen uns, warum er seinen Willen geändert hat. Der Stammapostel, der das Erlösungswerk des Herrn auf den höchsten Stand der Vollendung gebracht hat und dadurch die Kinder Gottes in einem unerschütterlichen Glauben an sein Wort fesselte, kann sich nicht geirrt haben, weil er immer das Wort des Herrn zur Richtschnur seines Handelns gemacht hat. Infolgedessen hat er uns niemals etwas anderes gesagt als allein das, was er zuvor vom Herrn auf den Geist bekommen hatte."[318] Man ließ Gott seine Meinung ändern, damit der Stammapostel im Recht bleiben konnte.

Am 10.7.1960 hat dann der neue Stammapostel in einem Gottesdienst in Frankfurt/Main dieses Amt übernommen. Der Bericht in der Zeitschrift *Unsere Familie* enthält keine wörtliche Wiederholung des Gesagten, sondern bringt „nur eine Uebersicht [...] in der die Leitgedanken des Stammapostels Schmidt und der mitdienenden Apostel nach ihrem Inhalt und Wesen wiedergegeben werden."[319] Im Artikel steht: „Er [Schmidt] erwähnte, daß uns die Botschaft des Stammapostels glücklich gemacht hat, und er unterstrich nochmals, daß sich der Stammapostel nicht geirrt habe. Er sei selbst Zeuge, da er den Stammapostel noch kurz vor seinem Ableben gesehen und mit ihm darüber gesprochen hatte und sich davon überzeugen konnte, wie sehr Stammapostel Bischoff bis zuletzt zu dem verkündeten Worte stand."[320] Der Trauergottesdienst für Bischoff wurde am 11.7. von Stammapostel W. Schmidt gehalten.[321] In offiziellen neuapostolischen Quellen wird nirgends erwähnt, wann dieser Trauergottesdienst anfing, noch wer dabei anwesend war. Ein Dokument aus der DDR sagt darüber: „Außer den nächsten Familienangehörigen waren fast alle

318 Brief von 28 Aposteln, *Geliebte Brüder und Schwestern im In- und Ausland*, Frankfurt/Main, 7.7.1960.

319 Unsere Familie, 20. Jg. Nr. 16, 20. August 1960, S. 426.

320 Ebd., S. 428.

321 Das in S. Scheibler, *J.G. Bischoff*, S. 64 und 65 (Bild), und in S. Scheibler, *Walter Schmidt*, Frankfurt/Main 1991, S. 69 (Bild oben) genannte Datum (10.7.1960) stimmt nicht.

europaïschen Apostel und einige Apostel aus Übersee zugegen."[322] Weiter niemand? In den Biographien von S. Scheibler über J.G. Bischoff und W. Schmidt wurde aus diesem Gottesdienst nur ein und dasselbe Foto, nämlich das von Stammapostel Schmidt am Altar, veröffentlicht. Über die Anwesenden steht im Text nichts. Eine Abbildung der Trauergemeinde gibt es nicht. Die Anfangszeit der Trauerfeier wird nicht erwähnt. Über die Bestattung wird nichts geschrieben. Im Buch *Walter Schmidt* ist nur noch eine Fotografie der 33 Apostel abgelichtet, „nach der Trauerfeier in der Kirche Frankfurt/Main-West"[323]. Herbert Schmidt aus Saarbrücken, ehemaliger Bezirksevangelist in der Neuapostolischen Kirche und 1960 Bischof für die Apostolische Gemeinschaft im Saarland, beschrieb 1970, also zehn Jahre später, seine Erinnerungen an diesen Tag: „Die Bestattung des ‚Stammapostels' war für Montag, den 11. Juli 1960, in Frankfurt/Main vormittags um 11.00 Uhr angesetzt und auch so bekannt gegeben worden. Wir wollten anwesend sein und fuhren früh genug dorthin. Schon um 10.20 Uhr waren wir am Friedhof. Dort erfuhren wir, daß man den ‚Stammapostel' schon in aller Frühe um 9.00 begraben hatte, und zwar ganz heimlich, still und leise. Nur im allerengsten Kreise. Anwesend waren nur einige Vertraute, einige Angehörige und die ‚lieben Apostel'. Keine Amtsträger, keine Geschwister, keine Predigt, kein Gesang."[324] Über die Bestattung selbst habe ich in neuapostolischen Quellen weder Informationen zum Zeitpunkt noch Bilder auffinden können. In der Zeitschrift *Unsere Familie* findet man keine einzige Silbe, kein einziges Bild, weder aus dem Trauergottesdienst noch von der Bestattung. Dies bestätigt die Behauptung Herbert Schmidts, dass die Neuapostolische Kirche bei der Trauerfeier und Bestattung ihres „letzten Stammapostels […] heimlich, still und leise" vorgegangen ist.

---

322 Neuapostolische Kirche des Landes Mecklenburg, *Innerdienstliche Mitteilung, Schwerin, den 22.8.1960. An alle Bezirks- und Gemeindevorsteher. Zum Heimgang unseres Stammapostels*, S. 2.

323 S. Scheibler, *Walter Schmidt*, S. 69 (Bild unten).

324 H. Schmidt, *Die Wahrheit. Zusammenfassung der Ereignisse in der Apostolischen Glaubensrichtung vom Jahre 1933 bis Juli 1960*, Völklingen o.J., S. 112.

Der Tod von Bischoff hat weder zu einem großen Mitgliederverlust in der HAGEA und NAK-NL noch zu einem großen Zulauf zur AS geführt. Am 16.7. hielt T. Bischoff einen Ämtergottesdienst in Amersfoort. Dort bemühte er sich, seinen Amtsträgern das Unerklärliche zu erklären. Aus der Geschichte, als Abraham Isaak opfern sollte und Gott im letzten Moment seinen Willen änderte, folgerte Bischoff: „Es ist nicht das erste Mal in der Geschichte, dass der liebe Gott umständehalber gehandelt hat, liebe Brüder! Wir können in dieser Situation, in die wir geraten sind, auf unseren Stammapostel in keiner Weise mit dem Finger zeigen und sagen, – er hat es sich aus den Fingern gesogen; er war ein alter Mann; nur aus menschlichen Sehnsuchten heraus hat er es gesagt. – Nein, liebe Brüder, dafür war unser Stammapostel viel zu konsequent, zu edel und zu rein, und auch viel zu bewusstseinsklar.“[325] Man sah den Tod des Stammapostels Bischoff als göttliche Glaubensprüfung, die nur zu meistern sei, wenn man sich fester denn je zuvor an den neuen Stammapostel binde.

Kurze Zeit später besuchte Stammapostel Schmidt die Niederlande. Er hielt am 7.8.1960 einen Gottesdienst in einer gemieteten Halle in Utrecht. Sowohl die Mitglieder der HAGEA, als die der NAK-NL waren anwesend. Schmidt sagte unter anderem: „In der gegenwärtigen Zeit, da der Herr den Stammapostel zu sich genommen hat, meinen viele, die etwas mit der Bibel zu tun haben, sich einen Urteil über den Willen des Herrn anmaßen zu können. Diese wissen aber nicht, daß es ausschließlich eine Angelegenheit Gottes ist, weshalb Er den Stammapostel, trotz der ihm gewordenen Botschaft, zu sich genommen hat. Wenn heutzutage die Kirchen und Gemeinschaften ehrlich wären, besonders die führende Geistlichkeit, dann müßten sie bestätigen, daß es das Werk des Herrn ist, worin wir stehen dürfen, weil es nach dieser Glaubensprüfung unerschütterlich stehen geblieben ist.“ Und weiter: „In dieser Zeit meint man behaupten zu können, daß durch den Heimgang des Stammapostels die Fundamente des Gotteswerkes gewackelt hätten und vernichtet wären. Die Leute sollten nicht so besorgt um uns sein. [...] Unser Wunsch ist es, den größten

---

325 *Verslag van de Broedervergadering geleid door onze Districtsapostel Tj. Bischoff te Amersfoort op 16 Juli 1960*, S. 2.

Stammapostel aller Zeiten, der an unserer Seele gearbeitet hat, im Reich der Herrlichkeit wiederzusehen. Wir sind es ihm schuldig, in der selben Fußspur zu gehen, gleicherweise er uns vorangegangen ist, denselben Glauben unverändert in uns pflegend, wie es uns zeitgemäß durch den Geist des Herrn gegeben wird. So wird auch der Kurs, der vom Stammapostel Bischoff angefangen wurde, nicht verändert [...]. Und wenn sogar große Kirchen ihre Tore geöffnet haben mit der Absicht, jetzt die ‚irregeführten' Apostolischen aufzunehmen und denen freundlich zu begegnen, dann werden sie mittlerweile erfahren haben, dass ihre Hoffnung zu schande geworden ist, wie auch die Hoffnung derjenigen, die damals von uns gegangen sind und seitdem mit Hohn und Spott auf jede Arbeit des Stammapostels, der Apostel Jesu und der treuen Brüder reagiert haben. Eines ist sicher: Das letzte Wort spricht der HERR!"[326] Insgesamt zeichnete sich die Predigt von Schmidt nicht besonders durch Demut, Dialog- oder Versöhnungsbereitschaft aus. Ein stures Weitergehen, dem verheißenen Ziel entgegen, war die Parole. Apostel T. Bischoff fasste in seinem Mitdienen sein Empfinden mit folgenden Worten zusammen: „Brüder und Schwestern, die große Liebe unseres Gottes möchte uns alle ans Ziel bringen und keinen ausschließen, damit wir alle den herrlichen Morgen der Ersten Auferstehung erleben mögen. [...] ihr seid dazu auch gerufen und habt den Heiligen Geist empfangen, und der uns jetzt vom lieben Gott gegeben ist, unser erster Leiter, zu diesem habe ich gesagt: *Geliebter Stammapostel, hier ist meine Hand. Auch ich möchte gerne ans Ziel kommen; es gibt für mich keinen anderen Weg, dieses Ziel zu erreichen.*"[327] Er sah nur die Möglichkeit zu bleiben, auszuharren. Weder er noch die Mitglieder sahen eine Alternative. Und deshalb blieb man.

---

326 *Verslag van de Dienst gehouden door de Stamapostel op zondag 7 augustus 1960, te Utrecht, waarbij behalve Apostel Tj. Bischoff, ook aanwezig waren de Apostelen Fr. Bischoff, Knigge, Schumacher, Bell en Schiwy*, S. 5-8. Hervorhebung im Original. Diese Zitate fehlen übrigens alle im Gottesdienstbericht in der Zeitschrift *Unsere Familie* (*Utrecht*, in: Unsere Familie, 20. Jg. Nr. 19, 5.10.1960, S. 508-514), sowie auch alle Aussagen Schmidts über den Tod Bischoffs. Außerdem sind Worte und Sätze, die es bis in die Zeitschrift *Unsere Familie* geschafft haben, oftmals wesentlich anders wiedergegeben als in dem niederländischen Bericht.

327 *Verslag van de Dienst gehouden door de Stamapostel op zondag 7 augustus 1960*, S. 13. Hervorhebung im Original.

Stammapostel Schmidt „leitete nach und nach alle Sachen der HAZEA zur NAK über [...]. Apostel Tj. Bischoff konnte kaum anders, als an dieser Entwicklung mitzuarbeiten."[328] Die Gemeinden der HAGEA und NAK-NL wurden zusammengelegt, was freilich hier und dort nicht ohne Reibereien ablief. Am 1.1.1964 wurde die juristische Zusammenführung (mit dem Namen: Nieuw-Apostolische Kerk in Nederland) vollzogen. T. Bischoff war und blieb der einzige niederländische Apostel. Am 27.7.1969 wurde er, 72-jährig, in den Ruhestand versetzt, am 24.11.1970 starb er in seinem Wohnort Hoogezand.

---

[328] M.J. Tang, *Het apostolische Werk in Nederland*, S. 74. Tang verwendet in seinem Buch auch für die Nachkriegsperiode die Abkürzung HAZEA statt HAGEA.

Nieuw-Apostolische Kerk in Nederland 1954-1964

Am 1.4.1954 hatten Van Asperen, Bijl und Groen schon die NAK-NL als „vereniging van personen“ (siehe Fußnote 301) errichtet. Der vorläufige Vorstand bestand aus eben diesen drei Personen.[329] In dieser Gemeinschaft hatten sich „eine Anzahl Amtsbrüder mit mehreren hundert Mitgliedern“[330] zusammengefunden. Am 12.8.1954 wurde dann die Vereinigung in eine Glaubensgemeinschaft im Sinne des Gesetzes umgewandelt. Schon am 17.4. hatte Stammapostel Bischoff den deutschen Bezirksapostel Walter Schmidt als für die NAK-NL verantwortlichen Apostel benannt. Diese Situation, ein ausländischer Apostel, wurde laut den Statuten der NAK-NL eigentlich als „Notmaßnahme“ gesehen: „Die Glaubensgemeinschaft wird geführt von einem Apostel niederländischer Nationalität, der vom Stammapostel der weltweiten neuapostolischen Kirchen ernannt wird [...]. Wenn es aus irgendeinem Grund zeitweilig keinen Apostel niederländischer Nationalität gibt, kann der Stammapostel einen der

W. Schmidt, W. Knaupmeier, R.J. Bijl, W.C. van Asperen

[329] *Statuten der Nieuw-Apostolische Kerk in Nederland*, 9.9.1954, Artikel 7.

[330] P. Kuhlen, *Einige Notizen über die am Sonntag, 12. September 1954 im kleinen Saal der Neuapostolischen Gemeinde Stuttgart, Einkornstr. 13 stattgehabten Apostelversammlung, an welcher 30 Apostel teilnahmen*, S. 3. Maschinenschriftliche Abschrift.

anderen Apostel der neuapostolischen Kirchen beauftragen, Gottesdienste zu halten und ihm die weitere Führung übertragen; allerdings wird eine solche Maßnahme immer von vorübergehender Art sein und als Notmaßnahme gelten."[331] Noch 1954 wurden Hirte van Asperen zum Bischof und Priester Bijl zum Bezirksältesten ordiniert. Der Wunsch der Gründer (und der ranghöchsten Amtsträger) der NAK-NL, ein niederländischer Apostel aus den eigenen Reihen, erfüllte sich allerdings nicht.

Bezirksapostel Schmidt sah sich schon am 27.9.1954 gezwungen, zum neuen niederländischen Bezirksapostel T. Bischoff Stellung zu nehmen. Es gab wohl hier und dort Zweifel, ob jetzt T. Bischoff in seiner neuen Aufgabe auch in irgendeiner Weise für die NAK-NL zuständig sei. „Apostel Tjard [richtig: Tjark] Bischoff ist damit also nur zum Apostel für die Hersteld Apostolische Zending gemeente eingesetzt worden, statt des in den Ruhestand gegangenen Apostels G. Kamphuis."[332] Das unmittelbar bevorstehende Kommen des Herrn sorgte bei der NAK-NL für einen besonders großen Missionseifer. So wurden z.B. in Utrecht Faltblätter verbreitet mit dem Text: „Ist Ihnen bekannt, dass in der Christenheit des Abendlandes der Ruf ertönt: ‚Der Bräutigam kommt!'" In diesem Blatt wurde dann mit Zitaten aus einem Buch von Dr. K. Färber *Die Auferstehung der Kirche*[333] und unter Verwendung des Vorwortes zum zweiten Kapitel des vierten Buches Esra (wo über eine „neue apostolische Kirche" gesprochen wird) behauptet, jetzt bestehe diese neue apostolische Kirche. Nachdrücklich wurde auch auf die „Botschaft" hingewiesen. Schmidt versandte regelmäßig Briefe mit Träumen, Erfahrungen oder dreißig oder mehr Jahre alten Prophetien,[334] die alle darauf deuteten, dass Bischoff der letzte Stammapostel sei, dass er nicht sterben würde.
Es bildeten sich innerhalb kurzer Zeit einige Dutzend Gemeinden. Die größte davon war Utrecht mit etwa 150 Mitgliedern. Auch gab es unter

---

331 *Statuten der Nieuw-Apostolische Kerk in Nederland*, 9.9.1954, Artikel 6.
332 Brief von W. Schmidt, 27.9.1954. Maschinenschriftliche Abschrift.
333 Ob bekannt war, dass dieser Dr. Karl Färber Gemeindemitglied in der Catholic Apostolic Church (Katholisch-apostolischen Kirche) in Berlin war, ist mir unbekannt. Färber ist in den 1960er Jahren gestorben.
334 So z.B. in seinem Brief vom 1.12.1954.

anderem Gemeinden in 's-Gravenhage, Ede und Arnhem. In Ede, im Büro des Bezirksältesten Bijl, befand sich die zentrale Verwaltung der NAK-NL. Der Missionseifer scheint erfolgreich gewesen zu sein: laut einem Zeitzeugen und damaligen Priester wuchs die Mitgliederzahl der NAK-NL bis 1960 auf etwa 2000.[335]

Das Verhältnis zwischen den beiden Gruppen NAK-NL und HAGEA blieb immer gespannt. Noch heute wissen ältere Mitglieder haargenau, wer damals „NAKkers“ (NAKler) waren, wer also zur „nieuwe NAK“ (neuen NAK) gehörte, und wer „in de eenheid“ (in der Einheit) geblieben war. Daran hat die spätere Wiedervereinigung mit der HAGEA (unter dem Namen Nieuw-Apostolische Kerk) nichts geändert. Juristisch fand diese Wiedervereinigung am 1.1.1964 statt, aber ab dem Spätsommer 1960 hatten beide Gruppen bereits wieder damit begonnen, gemeinsame Gottesdienste abzuhalten.

[335] Mitteilung von H. Nagtegaal.

Am 8.5., eine Woche nach dem Stammapostelgottesdienst, hielt Apostel Kuhlen einen Gottesdienst in Utrecht. Auch Kamphuis war dabei anwesend und hat ab diesem Tag die Arbeit wieder aufgenommen. Das führte am 11.5. zu seiner Amtsenthebung[336] und Ausschluss aus der HAGEA. T. Bischoff riet den HAGEA-Mitgliedern: „[...] lassen Sie sich nicht ein mit dem, welches von solchen jetzt angeboten wird, denn die Folgen sind Tod und ewiges Unglück."[337] Trotz dieser Drohungen wandten sich 1955 etwa 500 Mitglieder der Apostolische Stichting zu. Am 18. und 19. Januar 1956 versammelten sich in Düsseldorf dann Apostel der Gruppen Apostolische Gemeinschaft (Kuhlen, Dehmel, Dunkmann), Reformiert-apostolischer Gemeindebund (Ecke), Apostolische Gemeinde (E. und O. Güttinger), Hersteld Evangelisch Apostolische Gemeente (Smit) und Apostolische Stichting (Kamphuis). Auch sieben Bischöfe dieser Gemeinschaften waren anwesend. „Diese von der Neuapostolischen Kirche ausgeschlossenen Apostel und Bischöfe kamen zusammen mit dem Ziel, sich in brüderlicher Eintracht und in der Gesinnung und dem Geist von Christus zu vereinigen und zusammenzuarbeiten."[338] Die übrigen Apostel des Reformiert-apostolischen Gemeindebundes (Müller und Ostermann) sowie die außereuropäischen Apostel der Apostolic Church (Apostle Unity) in Süd-Afrika (Malan und Erasmus) und der Apostolic Church of Queensland in Australien (Zielke), schlossen sich schriftlich an.

Für die Niederlande bedeutete dies konkret: „In den Niederlanden werden die apostolischen [der Apostolische Stichting] und reformiert-apostolischen Gemeinden miteinander verschmolzen und unter die organisatorische Führung des Apostels Kamphuis gestellt; Apostel Smit dient fortan auch als Apostel Jesu Christi in den vereinten Gemeinden und trägt gemäß seines Apostelamtes gemeinsam mit Apostel

336 „Apostel Kamphuis befand sich nämlich zwar im Ruhestand, aber seine Enthebung hatte noch nicht stattgefunden." *Brief von T. Bischoff*, 13.5.1955.

337 Ebd.

338 S.D. Slothouwer, *Het heilsplan Gods. De weg, de waarheid en het leven*, o.O. o.J., S. 86.

Kamphuis die Verantwortung in den Niederlanden."[339] Eine Quelle beschreibt, dass diese Verschmelzung nicht problemlos verlief. Sowohl Kamphuis als auch Smit erhoben nämlich in der Versammlung ihren Führungsanspruch. „Apostel Kamphuis stellte sich auf den Standpunkt, daß er die meisten Seelen, also die meisten Mitglieder, in seiner Gemeinde hätte. Apostel Smith [richtig: Smit] stellte sich auf den Standpunkt, daß er und seine Getreuen schon lange vor Apostel Kamphuis den richtigen Weg erkannt hätten und unter größten Opfern auch gegangen seien [...]. Die Apostel aus dem Rheinland und der Schweiz stellten sich auf die Seite von Apostel Kamphuis - Apostel Ecke stellte sich auf die Seite von Apostel Smith."[340] In einer kurzen Sonderbesprechung des Bischofs Herbert Schmidt aus dem Saarland mit den Aposteln Ecke und Smit und den Reformiert-apostolischen schlug Schmidt vor, Smit „möge dem Apostel Kamphuis [...] getrost die Verwaltung überlassen, denn das wäre doch nur eine organisatorische Angelegenheit, die mit dem Amt und der Seelsorge nichts zu tun habe. [Smit] wäre deshalb nicht geringer als Apostel Kamphuis und wir würden in der kommenden Vereinbarung die Gleichberechtigung beider Apostel in Holland betonen."[341] Die Brüder des Reformiert-apostolischen Gemeindebundes stimmten dem zu und die drohende Krise war abgewendet. Wenn man das oben zitierte Protokoll nochmals liest, spürt man tatsächlich die Betonung auf die „organisatorische Führung des Apostels Kamphuis" und die gemeinsame Verantwortung qua Aposteltätigkeit: „Apostel Smit [...] trägt gemäß seines Apostelamtes gemeinsam mit Apostel Kamphuis die Verantwortung."

Ein Adressbuch aus dem Jahr 1957 listet für den „Apostelbezirk Holland" 23 Gemeinden in drei Unterbezirken (Amsterdam, Utrecht und Arnhem) auf.[342] Für die zusammengelegten Gemeinschaften wurde der Name Apostolische Geloofsgemeenschap (Apostolische Glaubensgemeinschaft) gewählt. Diese wurde am 22.9.1958 offiziell

---

339 Ebd., S. 87. Hier wird aus dem Protokoll der Düsseldorfer Apostelversammlung vom 18. und 19.1.1956 zitiert.

340 H. Schmidt, *Die Wahrheit. Zusammenfassung der Ereignisse*, S. 83f.

341 Ebd., S. 85.

342 *Adressbuch der Apostolischen Gemeinde. Ausgabe 1957*, o.O. 1957, S. 24f. Fünf Gemeinden waren Hausgemeinden.

errichtet. Nachdem Stammapostel Bischoff am 6.7.1960 gestorben war, hat die Neuapostolische Kirche keine Annäherung gesucht. Kuhlen schreibt: „Von verschiedener Seite wurde uns gefragt, ob die neuapostolischen Apostel jetzt Verbindung mit jenen Aposteln, die damals von dem Apostelkollegium ausgeschlossen wurden, gesucht haben. Hierzu kann mitgeteilt werden, dass nicht einer dieser Männer mit uns die Verbindung gesucht hat, aber dass der neue Hauptleiter der Wiederhergestellten- und Neuapostolischen Kirchen, Walter Schmidt, der unmittelbar nach dem Tod des Stammapostels gewählt wurde, am 10. Juli 1960 in einem Gottesdienst in Frankfurt/Main sagte, dass sie mit ihren Gegnern (wie wir infamerweise genannt werden) nicht diskutieren [...] würden; dass der verstorbene Stammapostel sich mit einer Mauer des Schweigens umringt hatte und er [Walter Schmidt] ähnlich handeln würde."[343] Es kam also noch nicht einmal zu Gesprächen mit der Neuapostolischen Kirche, geschweige denn zu einer erneuten Annäherung.

Einige Jahre später, am 13.4.1965, starb Apostel H.J. Smit im Alter von 83 Jahren. Der Gesundheitszustand des Apostels Kamphuis hatte in den davor liegenden Jahren ebenfalls nachgelassen, weshalb er zwei Monate später, am 13.6.1965, in den Ruhestand trat. Als neuer Apostel ordinierte Apostel Kuhlen im selbigen Gottesdienst den Bezirksältesten J.F. Kröner. Kamphuis starb am 25.9.1971, 82-jährig, in seinem Wohnort Apeldoorn. Die Einweihung des ersten eigenen Kirchengebäudes der Apostolische Geloofsgemeenschap, am 19.12.1971 in Apeldoorn, konnte er nicht mehr miterleben.

---

343 P. Kuhlen, *Bij het overlijden van de Stamapostel J.G. Bischoff*, in: De Bazuin Zions, 2. Jg. Nr. 9, 1.9.1960, S. 69.

Die apostolischen Gruppen von den siebziger Jahren bis in die Gegenwart

Nun sind wir bei nahezu allen apostolischen Gemeinschaften, außer der Apostolische Broederschap, der Apostolische Gemeente (N.J. Verkruisen jr.) und der Nieuw Hersteld Apostolische Zendinggemeente, die alle ausgestorben sind, in den 1970er Jahren angelangt. In diesem Aufsatz habe ich einen kurzen Überblick über ungefähr ein Jahrhundert seit der Ankunft von Apostel Schwarz in Amsterdam gegeben. Nun möchte ich in diesem Kapitel pro Gemeinschaft die wichtigsten Ereignisse der letzten 30 Jahre kurz beschreiben, damit wir letztendlich in die Gegenwart gelangen. Dabei werden wir auch zwei bisher noch nicht beschriebene Gemeinschaften kennen lernen, die erst in diesen letzten 30 Jahren in den Niederlanden entstanden sind.

Apostolische Geloofsgemeenschap - Gemeente van Apostolische Christenen

Der Name Apostolische Geloofsgemeenschap wurde 1980 in Gemeente van Apostolische Christenen (kurz GvAC) umbenannt. Apostel Kröner amtierte bis 1975, anschließend Apostel C. Boermeester bis 1987 und Apostel J.F. Kröner jr. bis 1997. Seitdem trägt J.T. den Haan das Apostelamt. Ab 1980 gab es intensive Kontakte zur HAZK (Ossebaar), wobei Amtsträger der einen Gemeinschaft auch in der anderen Gemeinschaft predigen durften. Am 1.3.1990 verfassten diese beiden Gemeinschaften einen gemeinsamen Brief an alle niederländischen apostolischen Gemeinschaften. Dieser enthielt die Einladung, miteinander in Kontakt zu kommen. Daraus sind Gespräche mit der NAK entstanden, die jedoch wesentlich mühsamer verliefen. Die Verbindungen zur HAZK (Ossebaar) sind seit einigen Jahren eingestellt, mit der NAK spricht man noch. Der bei der GvAC schon seit Jahrzehnten abgeschaffte Exklusivitätsanspruch stellt in den Gesprächen mit der NAK weiterhin ein bisher nicht zu überbrückendes Problem dar. Auch das aktuelle Sakramentsverständnis, wobei die Versiegelung in der GvAC eine deutlich weniger wichtige Rolle spielt, und die Ordination einer Priesterin im Sommer 2007 werden eine Annäherung nicht gerade fördern. In den Niederlanden gibt es derzeit zehn meist sehr kleine Gemeinden: Amsterdam, Apeldoorn, Dordrecht,

Eindhoven, Enkhuizen, Enschede, 's-Gravenhage, Groningen, Hilversum und Zeist. In einem Gottesdienst für alle Gemeinden, am 25.6.2006 in Enschede, waren etwa 125 Mitglieder anwesend.[344] Da es viele ältere Mitglieder gibt, dürfte die gesamte Mitgliederzahl bei 200 bis 250 liegen.

Nieuw-Apostolische Kerk in Nederland

Nach dem Tod von T. Bischoff wurde der deutsche Bezirksapostel H. Schumacher aus Bremen auch für die Niederlande verantwortlich. Unterstützend wurde 1976 Apostel G. Pos ordiniert, der 1981 das Amt eines Bezirksapostels empfing. 1987 wurde G.J. Sepers als Apostel ordiniert. Von den Niederlanden aus werden Surinam, die Niederländischen Antillen, Britisch Guyana (bis 1.1.2006) und Malta missioniert. In Surinam hat die NAK die Stichting Corantijn (Stiftung Corantijn) errichtet. Diese betreibt ein Internat, in dem neuapostolische junge Leute aus dem Inland wohnen können und unterstützt werden, damit sie in Paramaribo an weiterführenden Schulen unterrichtet werden können. Seit 1998 ist T.J. de Bruijn Bezirksapostel. Sepers wurde am 1.12.2004, 58-jährig, auf eigenen Wunsch in den vorzeitigen Ruhestand versetzt, weil er den neuapostolischen Exklusivitätsanspruch nicht mehr mittragen konnte und wollte. Als neuer Apostel wurde 18.3.2007 P. Klene ordiniert. 1998 gab es fast 100 Gemeinden, jetzt sind es noch 75. Die offizielle Mitgliederzahl liegt bei ungefähr 12.000,[345] der sonntägliche Gottesdienstbesuch bei etwa 4.500[346]. Die Anzahl aktiver Mitglieder in den Niederlanden wird auf höchstens 6.000 geschätzt. Auf Malta gibt es nur einige und in den Niederländischen Antillen 50 Mitglieder. In Surinam gibt es in 7

---

344 Vgl. J. Stroosnijder, *Verslag van zondag 25 juni 2006*, in: De Bazuin Sions, 48. Jg. Nr. 9, September 2006, S. 6.

345 Vgl. die Mitgliederzahlen in dem gerade erschienenen Buch von J. Becker und J. de Hart, *Godsdienstige veranderingen in Nederland*, 's-Gravenhage 2006, S. 30f, Tabelle 3.1. Dort werden für 1970 12500 Mitglieder, für 2000 12233 Mitglieder, und für 2004/5 11856 Mitglieder genannt.

346 Die Teilnehmerzahl beim von Stammapostel Leber am 18.3.2007 in Groningen (Niederlande) durchgeführten landesweiten Gottesdienst lag bei 3433. Vgl. *Der Stammapostel in Groningen*, in: Unsere Familie, 67. Jg. Nr. 11, 5.6.2007, S. 11.

Gemeinden 1600 Mitglieder. Der „Bezirksapostelbereich de Bruijn“ ist damit qua Mitgliederzahl mit Abstand der kleinste Bezirksapostelbereich der Neuapostolischen Kirche weltweit. Es bleibt abzuwarten, ob dies in der Zukunft Folgen für die niederländische Selbständigkeit haben wird.

Apostolische Gemeente (Rockenfelder/Seyffer)

Ende 1988 wurde der deutsche Apostel H.G. Rockenfelder aus der NAK exkommuniziert. Er gründete daraufhin eine eigene Gemeinschaft, die Apostolische Gemeinde. In den Niederlanden wandten sich ihr einige Dutzend Mitglieder zu und versammelten sich unter dem Namen Apostolische Gemeente (kurz AG). Prominentestes Mitglied war der Bezirksälteste i.R. R.J. Bijl. Im Juli 1995 wurde sein Sohn J.B. Bijl als Apostel ordiniert. Dieser löste sich aber im Frühjahr 2000 von der AG, weil Rockenfelder ihm untersagte, eine Mitgliedergruppe in Lettland zu betreuen. Bijl schloss sich dem Apostolischen Gemeindebund (2000 in Deutschland infolge Lehrdifferenzen aus der AG entstanden) an und ist für diese Gruppe weiterhin als Apostel tätig.[347] Der deutsche Apostel Seyffer wurde Oktober 1998 von Rockenfelder ordiniert und ist seit 2000 auch für die (höchstens einige Dutzend) Mitglieder der AG in den Niederlanden zuständig. Rockenfelder starb am 19.12.2001.

Oud Apostolische Kerk[348]

Auch diese Gemeinschaft ist hier bislang nicht erwähnt worden, da sie erst seit etwa zehn Jahren in den Niederlanden missioniert. Ein südafrikanischer Ältester namens R. Looij hat für die Oud Apostolische Kerk die Aufsicht in den Niederlanden. In Arnhem werden sonntäglich Gottesdienste abgehalten, in Rotterdam ein Mal pro Monat. Etwa 1995 sind der Prophet Pullen und Hirte Esmeijer aus Arnhem, Priester der

---

[347] Mitteilung von Dr. J.M. Abel.

[348] Der niederländische Zweig der Old Apostolic Church of South Africa. Diese Gemeinschaft ist 1913 nach der Exkommunikation des Neuapostolischen Apostels C.G. Klibbe in Süd-Afrika entstanden und hat weltweit etwa 3,5 Millionen Mitglieder, wovon der größte Teil im Süden des afrikanischen Kontinents lebt.

HAZK (Ossebaar), dieser Gemeinschaft beigetreten. Die Mitgliederzahl beträgt höchstens einige Dutzend.

Het Apostolisch Genootschap

Am 29.6.1984 starb Apostel Slok. Sein Sohn Jan Lambertus, seit anderthalb Jahren Apostelhelfer, wurde per Testament zum neuen Apostel ernannt. Für die HAG-Mitglieder verkörperte L. Slok die Christusfunktion auf Erden. J.L. Slok teilte dagegen schon nach einigen Monaten mit, dass er darauf verzichte. Eine vorsichtige Modernisierung fand statt. Hierarchisches Denken wurde abgebaut, die Stelle des Apostels wurde deutlich weniger autoritär. Pfingstsonntag 1991 ordinierte J.L. Slok den ersten weiblichen Priester-Vorsteher. Viele Ordinationen von Frauen folgten, und man kann mittlerweile sagen, dass Männer und Frauen in dieser Gemeinschaft völlig gleichberechtigt sind. 1992 wurde in Enkhuizen, in der renovierten, ehemaligen Stätte der Zusammenkunft, ein „Ausstellungs- und Dokumentationszentrum" eröffnet. Dort trafen zwei Apostel und ein Bischof der Old Apostolic Church of South Africa Sommer 1995 mit Apostel Slok zwecks Besprechungen zusammen, die zum besseren Kennenlernen, jedoch nicht zu einer Zusammenarbeit führten.[349] Die HAG war maßgeblich daran beteiligt, dass zwei humanitäre Organisationen errichtet wurden: die Stiftung Dabar und die Stiftung Les Oiseaux Bleus. Am 2.6.2001 ordinierte der siebzigjährige Slok Dick Riemers als neuen Apostel, damit die Führung in jüngere Hände gelangte. Bei der Feier zum fünfzigjährigen Bestehen des HAG am 10.6.2001 in Utrecht trat der neue Apostel offiziell sein Amt an. Die Mitgliederzahl ist ebenfalls (besonders in den letzten zehn Jahren) zurückgegangen, einige Gemeinden wurden in den letzten Jahren geschlossen. Auch das Ausstellungszentrum wurde geschlossen und in die Verwaltung nach Baarn verlegt. Heutzutage gibt es etwa 19.000 Mitglieder[350] und 88 Gemeinden in den Niederlanden. Es gibt 5 Gemeinden im Ausland

349 Vgl. A.J.v.W., *A remarkable meeting!*, in: Ons Maandblad, 101. Jg. Nr. 8, Augustus 1995, S. 8f.

350 Vgl. J. Becker und J. de Hart, *Godsdienstige veranderingen in Nederland*, S. 30f., Tabelle 3.1. Dort werden für 1970 30430 Mitglieder, für 1980 26290 Mitglieder, für 2000 20810 Mitglieder und für 2004/5 18673 Mitglieder genannt.

(Schweiz, USA, Kanada, Australien, Süd-Afrika). Aufgrund ihrer Glaubensüberzeugung sieht die HAG sich nicht mehr als eine Kirche, sondern als eine humanistisch orientierte Gemeinschaft.

Hersteld Apostolische Zendingkerk (Schaap/Rijnders)
Nach dem Tod des Apostels Schaap am 28.5.1980 wurde H.F. Rijnders am 27.9.1980 zum neuen Apostel gerufen. 1986 suchte eine Gruppe Christen aus Zaïre schriftlichen Kontakt mit dieser Gemeinschaft. Sie hatten sich 1982 von der dortigen Neuapostolischen Kirche abgespalten. Nach einigen gegenseitigen Besuchen kam man überein, sich zusammenzuschließen. Die Gruppe in Zaïre nannte sich fortan Eglise Missionaire Apostolique au Zaïre (kurz EMAZ). Am 6.2.1988 wurden in einem Rufungsgottesdienst zwei nicht namentlich genannte afrikanische Brüder in einer Prophetie erwähnt. Später ordinierte Rijnders zwei Brüder der EMAZ als Evangelisten. Einer der beiden, L.A. Nanandana, wurde am 7.4.1990 als Apostel gerufen. Die HAZK (Schaap/Rijnders) errichtete Anfang 2004 den Verlag „De Kandelaar“ (Der Kerzenleuchter). Dieser hat das Ziel, biblisch fundierte, christliche und theologische Literatur zu verbreiten. In den Niederlanden gibt es zur Zeit Gemeinden in Amersfoort, Amsterdam, Arnhem, Enkhuizen, 's-Gravenhage, Groningen, Haarlem, Utrecht und Wageningen. Die Mitgliederzahl in den Niederlanden liegt bei höchstens 500.

Gruppe Schutterop
1988 lösten sich Prophet Schutterop (Wageningen), Hirte Arisz (Amersfoort) und Evangelist van Ingen ('s-Gravenhage) von der HAZK (Schaap/Rijnders). Laut Berkhof „nahmen sie eine kleine Schar Gläubiger mit sich.“[351] Meinungsverschiedenheiten wegen der prophetischen Rufung zweier nicht namentlich genannter afrikanischer Mitglieder der EMAZ (siehe oben) waren der Anlass für diese Trennung. Später trat dieser Gruppe noch der HAZK (Schaap/Rijnders)-Hirte Putting aus Utrecht bei. In Amersfoort konnte diese neue Gruppe das Kirchengebäude an der Stoovestraat 11 behalten und hat es bis nach dem Tod von Arisz (1990er Jahre) genutzt. Danach fand eine erneute Spaltung statt, so dass sich die eine Gruppe um den

351 A.W. Berkhof, *In kort bestek*, S. 18.

alten Propheten Schutterop (geboren Oktober 1920) jetzt in einer gemieteten Kirche in Ede versammelt. Dort gibt es etwa 25 Mitglieder. Es ist unbekannt, ob die andere Gruppe noch existiert. Wenn ja, dann wird sie höchstens eine ähnliche Anzahl Mitglieder haben.

Katholiek Apostolische Kerk (Van der Poorten)
Ein großer Schlag traf diese Gemeinschaft, als am 27.4.1976 drei ihrer Priester bei einem Autounfall starben: C. Fijma (Erzengel-Evangelist in Amsterdam), D. Ent (Bischof in Enkhuizen) und sein Sohn W. Ent (Apostel in Enkhuizen und amtierender Bischof für Utrecht). Außer in den bestehenden Gemeinden (Amsterdam, Enkhuizen, Rotterdam, Utrecht) hielt man ab 1976 auch Gottesdienste in Arnhem und Den Helder ab. Auffallend ist, dass in diesen Jahren eine große Anzahl Apostel und anderer Ämter gerufen und ordiniert wurden. Ab September 1983 durfte die Gemeinschaft nicht länger ihre gemietete Kirche "De Zaaier" nutzen. Sie war an eine muslimische Organisation verkauft worden, die das Gebäude zu einer Moschee umbaute. Dieses Vorgehen wurde als großes Unrecht empfunden, umso mehr, als die KAK-VdP der Meinung war, dass die Behörden von Amsterdam die Muslime bevorteilt hätten. Als Protest haben sie auf prophetischen Befehl bis zum 8.11.1989 (also länger als 6 Jahre!) jeden Tag so genannte „stoepdiensten" (Bürgersteiggottesdienste) gehalten. Die Behörden machten jedoch den Kauf nicht rückgängig. Ab 1980 wurden keine Gottesdienste mehr in Rotterdam und etwa ab 1988 keine mehr in Arnhem gehalten. Obwohl Apostel J. van der Poorten immer noch in Australien lebte, blieben seine prophetischen Äußerungen weiterhin von höchster Bedeutung für die niederländischen Gemeinden. Sie haben jedoch auch sehr viel Streit ausgelöst, weil es in dieser Gemeinschaft immer wieder zwei Gruppen gab: ein Teil der Mitglieder glaubte den Prophetien bedingungslos, andere Mitglieder waren genauso hundertprozentig überzeugt von ihrer Unwahrheit. Dies hat dazu geführt, dass im Laufe der Jahre eine Reihe Apostel, weitere Amtsträger und viele Mitglieder diese Gemeinschaft verlassen haben. Hatte sie in den frühen 1970er Jahren etwa 450 Mitglieder, ist sie jetzt sehr viel kleiner. 1993 wurde für Australien M. Marinus als Apostel gerufen und ordiniert. Im selben Jahr kehrte Van der Poorten endgültig aus Australien zurück, besuchte aber auf prophetischen Befehl hin

keine Gottesdienste. Uneinigkeiten über Van der Poortens Prophetien waren 1998 der Grund dafür, dass sich die Gemeinde in Enkhuizen spaltete. Mehr als die Hälfte der Mitglieder zog sich zurück und besuchte fortan die Oud-katholieke Kerk (Alt-katholische Kirche). Van der Poorten schreibt seit Oktober 2000 „Christelijke Manifesten" (Christliche Manifeste). Manche sind an die Königin adressiert, andere sind an die Regierung und die Minister oder an die Generalstaaten gerichtet, an Geistliche, an Botschafter, an den Bürgermeister und die Beigeordneten aus Amsterdam, an Universitätsprofessoren, an die Alt-katholische Kirche, an die ganze Kirche Christi oder einfach an alle Einwohner der Niederlande.[352] Die Themen dieser Manifeste sind die Gefahren des Islams und die biblisch begründete Abweisung der Homosexualität. Der Staat Israel wird in den Manifesten besonders verteidigt. In Mai 2003 wurden die Gottesdienste der KAK-VdP auf seinen prophetischen Befehl hin eingestellt. Am 14.7.2003 teilte er seiner Gemeinschaft mit, dass er sich gänzlich aus ihr zurückziehe „damit kein Bezug hergestellt werden kann zwischen euch und meinem apostolischen Auftrag, die Worte Gottes einer irrenden Welt bekanntzugeben."[353] Seitdem hält diese Gemeinschaft nur noch unregelmäßig Gottesdienste. Die Mitgliederzahl liegt zwischen 50 und 100.

Hersteld Apostolische Zendingkerk (Ossebaar/Van den Bosch)

Es hat lange Jahre gedauert, bis sich diese Gemeinschaft von den Ereignissen 1969/1971 und den lehrmäßigen Änderungen zwischen 1971 und 1974 einigermaßen erholt hatte. Danach wurden Kontakte zur GvAC geknüpft (siehe oben). Am 23.10.1991 starb Apostel Ossebaar 84-jährig. Am 8.12.1991 wurde der Bischof aus Amsterdam, B. van den Bosch, als neuer Apostel gerufen. Bemerkenswert ist, dass im Abendgottesdienst desselben Tages, an dem Van den Bosch

---

[352] Einige dieser Manifeste sind im Internet als PDF-Datei unter http://www.christelijkmanifest.info/pdf.htm zu downloaden. Im Moment (Oktober 2007) gibt es über 50 Dokumente.

[353] J. van der Poorten, *Dierbare broeders en zusters*, 14.7.2003, S. 1. Van der Poorten ist schon ein älterer Mann (geboren Oktober 1928) und krank. Es bleibt abzuwarten, ob sich die Lage der KAK-VdP in Zukunft noch ändern wird.

ordiniert wurde, eine Prophezeiung gesprochen wurde, in der der neuapostolische Apostel Sepers direkt angesprochen wurde. Diese kleine Gemeinschaft ist in den darauf folgenden Jahren durch den Weggang zweier Priester zur Gruppe Schutterop (siehe oben) noch weiter geschrumpft. Die HAZK (Ossebaar/Van den Bosch) besitzt noch die alte Kirche an der Bloemgracht in Amsterdam und ein kleineres Kirchengebäude in Arnhem. Die Mitgliederzahl liegt zwischen 50 und 100.

Hersteld Apostolische Zendinggemeente

Apostel G. Bosveld, der sich 1953 zurückgezogen hatte, besuchte ab 1972 wieder diese Gemeinschaft, wurde wieder als Apostel angenommen und hat bis zu seinem Tod 1978 weiterhin in Haarlem gedient. Die Gemeinden Beverwijk und Arnhem konnten einiges Wachstum verzeichnen. In Beverwijk wurde 1972 eine eigene Kirche gebaut und eingeweiht. In Amsterdam und Vlissingen wurden 1987 und 1988 Kirchengebäude der evangelisch-lutherischen Kirche gekauft und eingeweiht. 1987 wurde für Haarlem ein Apostel, P.F. Hoek, gerufen. Ab 1984 gab es Probleme zwischen Evangelist van den Engel aus Arnhem und der Algemene Priestervergadering (Allgemeine Priesterversammlung, kurz APV), die zu einem Bruch der Parteien führte, wobei Van den Engel und seine Gemeinde übrigens innerhalb des HAZG-Verbandes blieben. Diese Schwierigkeiten mündeten 1990 auch in einen Bruch mit dem Haarlemer Hirten C.G. Reemer, der letztendlich dazu führte, dass die APV Reemer sein Amt 2004 entzog und ihn aus der HAZG exkommunizierte. Die APV, ursprünglich ein eher demokratisches Organ, hatte 1997 die Satzungen der einzelnen Gemeinden dahingehend verändern lassen, dass sie mehr Möglichkeiten hatte, in die lokalen Gemeindeverwaltungen einzugreifen. Gemeinden gibt es in Amsterdam, Arnhem, Beverwijk, Haarlem und Vlissingen mit insgesamt etwa 300 Mitgliedern.

Schlussbemerkung

Nun sind wir am Ende unserer kurzen „Reise“ durch die Geschichte der apostolischen Gemeinschaften in den Niederlanden angekommen. In der Einleitung habe ich kurz umrissen, dass bislang nicht viel an wissenschaftlicher Literatur über dieses Thema publiziert worden ist. Wer Genaueres über die Geschichte der apostolischen Gemeinschaften in den Niederlanden erfahren wollte, war bislang auf die Publikationen der jeweiligen Gruppen angewiesen, deren historiografischer Ansatz zumeist im apologetischen Dienst steht und die meist schwer zugänglich sind. Dieser Beitrag versucht hier also eine Lücke zu schließen. Er erhebt keinen Anspruch auf die vollständige Darstellung aller Ereignisse. Manches wurde beleuchtet, aber nicht alles. Allerdings bin ich der Auffassung, dass die wichtigsten Ereignisse der genannten apostolischen Gemeinschaft hier erwähnt sind und dieser Aufsatz dem Lesenden deshalb einen guten und sachlichen Überblick über die niederländische apostolische Kirchengeschichte vermittelt.[354]

Auch in die Belletristik haben die apostolischen Gemeinschaften Einzug gefunden. Eine interessante Sicht beinhaltet der Roman *De jacobsladder* (*Die Jakobsleiter*) des bekannten niederländischen Autors Maarten 't Hart. Die Hauptperson, Adriaan Vroklage, erzählt seinem Vater, dass es in der Provinzstadt Den Helder so viele unterschiedliche Glaubensgemeinschaften gibt. Dann fragt er ihn: „In Den Helder gibt es zwei apostolische Kirchen. Was ist das bloß, diese apostolische Kirche?“ Der Vater erläutert enthusiastisch und auch ein wenig sarkastisch wie es in England zum Entstehen der Catholic Apostolic Church kam. Er fahrt fort: „Sehr bald schon war das Ganze zu einer regelrechten Bewegung geworden, auch außerhalb Englands. Seitdem hat sich diese Bewegung in mindestens zehn Richtungen gespalten, die

[354] Die niederländische Internet-Enzyklopedie Wikipedia enthält auch viele Infos über die unterschiedlichen apostolischen Gemeinschaften und bietet deshalb auch einen gewissen Überblick. Vgl. die Einstiegsseite http://nl.wikipedia.org/wiki/Apostolischen. Geschichtliche Vorgänge werden hier nicht in allen Artikeln gleichermaßen sachlich beschrieben. Gleiches gilt übrigens auch für die deutsche Wikipedia-Seite über die Neuapostolische Kirche, http://de.wikipedia.org/wiki/Neuapostolische_Kirche, wo kritische Bemerkungen planmäßig und regelmäßig entfernt werden.

sich gegenseitig bekriegen." Das ist etwas ungenau beschrieben, und dass alle Gemeinschaften sich gegenseitig bekriegen, stimmt so auch nicht, aber dass es mindestens zehn apostolische Gemeinschaften gibt, damit hat der Vater Recht. Er zählt auf: „Katholisch-Apostolisch. Reformiert-Apostolisch[355]. Neu-Apostolisch. Und so weiter. Und das in nur gut hundert Jahren! Mehr als zehn nagelneue Glaubensgemeinschaften - ist das nicht phantastisch?" Man sieht Adriaan fast schaudern: „‚Nein', erwiderte ich, ‚das ist nur widerlich. Ich kann nicht verstehen, wie du das so spannend finden kannst - all diese Schismen und Spaltungen.'" Der Vater antwortet daraufhin mit einem unerwarteten Satz: „Das deutet auf einen lebendigen Glauben hin."[356]

So könnte man es auch sehen.

---

[355] In der niederländischen Ausgabe steht: „Hersteld Apostolisch". Vgl. M. 't Hart, *De jacobsladder*, Dordrecht [15]1987, S. 175.
[356] Alle Zitate aus M. 't Hart, *Die Jakobsleiter*, München 2005, S. 211f.

<u>Bildernachweis</u>
N.J. Verkruisen sr.: C.G. Reemer.
G. Bosveld: G.Opdam-Bosveld.
J.H. van Oosbree/H. Niehaus: Historische Sammlung Het Apostolisch Genootschap.
L. Slok: Historische Sammlung Het Apostolisch Genootschap.
Alle übrigen Fotos: E.H.E. Diersmann.